畜产品供应链全程智慧管理
研究与应用

孔繁涛　曹姗姗　刘继芳 等　著

科 学 出 版 社

北 京

内 容 简 介

本书聚焦畜产品供应链智慧管理的全过程、全要素、全流程和全数据，有机融合畜产品供应链管理和物联网、大数据等新一代信息技术，以"健康养殖—屠宰加工—经营流通—全程追溯—科学决策"为主线，采用系统工程思想和信息管理平台设计思路与开发方法，设计开发了畜产品供应链全程智慧管理平台，包含畜禽养殖信息监管、畜禽屠宰加工信息监管、畜产品经营流通信息监管、畜产品供应链全过程追溯和畜产品大数据决策分析 5 个关键核心系统、22 个子系统。

本书适合从事畜牧业及农业信息化建设工作的各级行政人员、科研工作者和相关企业工作人员阅读，也可供畜牧学、食品科学与工程、农业工程等专业高等院校学生和对畜产品供应链智慧管理感兴趣的人员阅读参考。

图书在版编目（CIP）数据

畜产品供应链全程智慧管理研究与应用/孔繁涛等著. -- 北京：科学出版社，2024.11. -- ISBN 978-7-03-080144-9

Ⅰ. F724.72-39

中国国家版本馆 CIP 数据核字第 20243TX352 号

责任编辑：林　剑／责任校对：樊雅琼
责任印制：徐晓晨／封面设计：无极书装

科学出版社 出版

北京东黄城根北街 16 号
邮政编码：100717
http://www.sciencep.com

北京九州迅驰传媒文化有限公司印刷
科学出版社发行　各地新华书店经销

＊

2024 年 11 月第 一 版　开本：720×1000　1/16
2025 年 10 月第三次印刷　印张：17
字数：330 000
定价：238.00 元
（如有印装质量问题，我社负责调换）

本书撰写委员会

主　　笔：孔繁涛　曹姗姗　刘继芳

副 主 笔：孙　伟　白　涛　刘振虎

著作成员：古丽米拉·克孜尔别克　卫培刚　马　楠

　　　　　王　亿　付　振　陈若彤　赵晨旭　张晨阳

　　　　　张书振　彭　城　李世杰　李　翔　张瑞峰

　　　　　张　涛　安　民　赵仁杰　许世泉　王　龙

　　　　　张志勇　丁娇娇　孔汇鑫　曹梦迪　梁　泽

　　　　　曾一鸣　路宇昊　孙宇航　陈　怡　张崧雪

前 言

肉蛋奶动物性蛋白消费量与质的增长是一个国家现代化进程的主要标志之一和重要刚性需求，畜禽类产品在食品中属于高风险产品，在国际食品市场，畜禽类产品都是食品安全追溯的重点。畜产品供应链全程智慧管理是确保人民群众"肉案子""蛋框子""奶瓶子"满格无忧和应急保供的重要途径，对促进畜牧业新质生产力、践行大食物观、推动经济社会稳定发展具有重大意义。

本书聚焦畜产品供应链智慧管理的全过程、全要素、全流程和全数据，有机融合畜产品供应链管理和物联网、大数据等新一代信息技术，以"健康养殖—屠宰加工—经营流通—全程追溯—科学决策"为研究主线，采用系统工程思想和信息管理平台设计思路与开发方法，研究开发了畜产品供应链智慧管理的5个关键核心系统及其22个子系统。其中，畜禽养殖信息监管系统包含养殖场信息管理、畜禽养殖投入品信息管理、畜禽养殖档案信息化管理、畜禽养殖环境智能监控、种畜禽管理和病死畜禽无害化处理6个子系统；畜禽屠宰加工信息监管系统包含屠宰加工企业信息管理、屠宰加工档案信息管理、畜产品仓储信息管理、检验检疫信息管理4个子系统；畜产品经营流通信息监管系统包含畜产品经营企业信息管理、畜产品运输企业信息管理、畜产品冷链物流信息管理、流通销售仓储信息管理和畜产品销售信息管理5个子系统；畜产品供应链全过程追溯系统包含基于二维码的畜产品基础信息查询、畜产品流量流向全过程追溯、畜产品信息追溯APP 3个子系统；畜产品大数据决策分析系统包含畜禽养殖大数据智慧管理、畜禽屠宰加工大数据智慧管理、畜产品流通大数据智慧管理和重大动物疫病防控4个子系统。

畜产品供应链智慧管理的上述5个关键核心系统构成畜产品供应链智慧管理的主要链条，既相对独立又互为支撑，串联起畜产品供应链智慧管理过程中的数据流、信息流和决策流。每个关键核心系统由若干个子系统组成，围绕畜产品供应链智慧管理链条中某一环节扩展，既能彼此衔接又能融合应用，编制起畜产品供应链智慧管理全方位、多维度、多场景的网络。因此，本书既具有良好的技术方法意义，也具有较强的实践应用价值，可为我国畜产品供应链管理提供信息技术研究和应用参考，有助于提升我国畜牧业数字化、智能化水平。

孔繁涛

2024 年 9 月 1 日

|目　　录|

| 1 | 畜牧业信息化发展现状

畜禽产品在食品中属于高风险产品，在国际食品市场，畜禽类产品是食品安全追溯的重点。2024 年中央一号文件提出要"优化生猪产能调控机制，稳定牛羊肉基础生产能力"。肉蛋奶动物性蛋白消费量与质的增长是一个国家现代化进程的主要标志之一和重要刚性需求，提升畜禽集约化、标准化、规模化养殖水平是确保人民群众"肉案子""蛋框子""奶瓶子"满格无忧和应急保供的重要途径，对促进畜牧业新质生产力、践行大食物观、推动经济社会稳定发展具有重大意义。

我国是世界最大的畜产品生产和消费国，2023 年总产值达 3.9 万亿元。2022 年我国肉、蛋、奶总产量分别达到 9328.4 万吨、3456.4 万吨和 4026.5 万吨。据 FAO 统计，2022 年我国猪肉、禽蛋生产均居世界第 1 位（占比约 53% 和 40%），禽肉、牛肉、牛奶分居世界第 2 位、第 3 位、第 4 位。根据中国农业科学院发布的《中国农业产业发展报告 2023》，2021 年，我国畜牧业竞争力指数在 135 个国家中排名第 5 位，总体竞争力较强。畜牧业的发展，不仅是建设农业强国、夯实国家食物安全基础的现实要求，也是提高农牧民增产增收能力、满足城乡居民动物营养需求的强力支点。在我国经济飞速发展的形势下，畜牧业的生产方式、产业结构发生了巨大变革，加强畜产品供应链全过程智慧管理，构建畜禽养殖、屠宰加工到畜产品经营流通的全过程闭环监管模型，可显著提高畜牧业生产效率，实现传统畜牧业向智慧化、数字化畜牧业升级转型，推动我国畜牧业稳定、可持续发展。

畜牧信息化是利用计算机及微电子、通信、光电、物联网传感器、自动化控制等技术，及时、准确、有效地获取并分析处理畜牧业全过程、全要素、全流程信息，采用统计学和人工智能等构建模型算法，辅助人工进行智能决策的过程。畜牧业信息化是传统畜牧业向现代畜牧业演进的重要过程，也是将畜牧业生产、管理及畜产品营销信息化等进行普遍应用和推广的过程，包括生产管理信息化、养殖经营信息化、市场流通信息化、畜产品消费信息化以及畜牧业宏观调控信息化。从一线养殖生产活动贯通至畜产品市场流通又接轨国家政策调控，完全实现信息化标准养殖流程。

1.1 畜禽养殖信息化研究现状

国际上，20 世纪 50 年代，美国首先推出并应用了规模化、机械化、工厂化及集约化的现代畜禽养殖模式，之后，世界各国根据各自国家不同的环境特点，相继推出多种工厂化养殖生产工艺模式和成套的养殖设备。20 世纪 70 年代，欧美国家畜禽养殖从业者开始利用 DBASE 等数据库软件记录统计养殖生产数据信息，但由于初期养殖场生产组织不规范、现场数据记录工作量大且冗杂繁琐，部分软件对专业性要求严格，操作人员专业素质参差不齐、流动性大，且企业管理层过分看重生产效益指标等原因，导致信息化软件在养殖业的应用效果并不理想，难以普及。20 世纪 80 至 90 年代后期，随着一批操作简便、功能丰富、图文并茂、可移植性强且兼备远程多用户分布式计算及多目标处理等功能的养殖场管理软件及信息化系统接连开发完成，包括 Herdsman、PigCHAMP、PigWIN、Pigtales、STAGES、SMS、Pigknows、Porcitec、Pigmap 等，信息化软件的应用效果得到了有效改善，畜禽养殖信息化管理系统开始向数据化阶段迈进。

我国从 20 世纪 90 年代开始研发畜禽养殖信息管理软件，大体经历 3 个阶段：第一阶段是 2005 年以前，软件系统以单机和局域网版为主，主要用于统计分析生产销售数据，由于软件的实时性和移动性较差，只有被广泛应用的 GPS 软件系统沿用至今。第二阶段自 2005 至 2012 年，随着网络版信息管理系统的发展壮大，软件系统的实时性和移动性大幅度提升，开始向生产管理平台方向发展，GPS 等单机局域网软件逐步向网络版升级，部分养殖企业开始参与互联网版管理软件及相关软件的研发。第三阶段从 2012 年至今，随着移动云平台技术的发展，在专业软件公司的全力推动和新希望、大北农、温氏等专业养殖企业的积极参与下，已经研究和开发出一批可用性极高的信息化管理软件，包括大北农的猪联网系统、微猪科技的微猪系统、新希望的福达云（九方农场）和上海互牧的互牧云等畜禽养殖场生产管理系统，在实际生产中得到广泛的关注和应用。

1.1.1 精准饲喂系统

精准饲喂系统利用生产管理系统对畜禽生理状态及体况进行准确评估，通过精准饲喂设备给不同阶段、不同生理状态的畜禽饲喂不同种类、数量的饲料，相较于传统人工饲喂具有明显的优势，可有效提高养殖场生产性能及场区设备的利用效率、降低饲养成本。精准饲喂系统包括软件系统和硬件设备两个部分，软件系统对畜禽信息核实并利用模型计算其营养需求，硬件设备通过软件系统指令对畜禽进行饲料精准投喂并反馈收集畜禽采食情况。

1.1.1.1 国外发展

欧美一些对畜牧业自动化和智能化技术研究起步较早的国家，已经研制出较为成熟的畜禽自动饲喂系统。随着精准农业的逐渐发展，畜禽精准饲喂技术正在不断地摸索、研发和完善。

在欧洲，荷兰是精准饲喂系统应用最广泛的国家，Nedap 公司研发的 Velos 智能化母猪管理系统的精准饲喂模块，打破当时普遍存在的定位栏养猪模式，通过传感器扫描母猪佩戴的电子耳标自动识别并记录每头母猪的相关信息，实现群养和单体母猪精细化饲喂管理，凸显动物福利理念。德国 SAP 公司研发的 SAP（System Applications and Products，系统应用与产品）系统包含销售与分销、主数据管理、人力资源管理、生产计划管理和物料管理等模块，在国内外畜牧业企业中被广泛应用。SAP 系统提供了丰富的接口对接方案，与生猪养殖系统接口对接的 SAP S/4 HANA（SAP Business Suite 4 High Performance Analytic Application，SAP 第 4 代高性能分析性应用商务套装），融合了物联网、大数据、业务网络等技术，采用现代设计理念提供良好的用户体验。Big Dutchman 公司研发生产的 CallMatic2 母猪群养管理系统，适用于群养母猪，完美结合动物友好型猪舍的优势和特别适合每头母猪要求的饲喂方法，实现了进食量与母猪的体况互相联系并由计算机控制，使饲喂量更加精确。

美国早在 20 世纪 90 年代就已经通过计算机系统开始现代化畜禽养殖。美国奥斯本工业公司生产的 Osborne-Team 母猪电子饲喂管理系统，采用开放式测量方案，通过物联网技术控制母猪进食量，使得饲喂更精确。同时，该公司生产的全自动种猪生产性能测定系统 FIRE（Feed Intake Recording Equipment，进料量记录设备系统），可以在不干扰猪只实际生活环境下测定猪的生活方式，获取猪的体重和生活习惯，最终将测量的数据通过特定算法计算筛选出理想的猪只。加拿大 JYGA 公司研发的 Gestal 智能化母猪饲养管理系统，通过位于采食饲槽底部的电子触头分析母猪采食行为，结合预先设置的母猪在繁殖间的采食计划，智能化控制母猪的采食量。该系统配套于限位栏养猪模式，适用于哺乳母猪和妊娠母猪，有效提高了畜禽饲喂的信息化水平。

以色列知名畜牧科技公司阿菲金研发的畜牧养殖自动化养殖设备，基于物联网技术实现了对家畜的繁殖育种、健康状态和动物福利的一体化管控，并且在通过奶液的电导率检测奶牛疾病方面成果显著，大大地节约了人力物力，提高了养殖效率。

1.1.1.2　国内发展

我国大规模养殖场的饲喂管理大多采用国外进口设备，如荷兰的 Velos、美国的 Osborne、法国的 Elistar 和德国的 Compident 等。鉴于进口设备价格昂贵、维护成本高、对配套基础设施要求严格，突发断电、跳闸等异常状况极易造成设备内部机械元器件受损，更换周期长且维修服务难以迅速响应，严重影响设备的工作效率与效能发挥。我国养殖业占比较高的中小规模养殖场，大多经济实力一般，难以承受精准饲喂设备的昂贵价格，且基础设施建设尚需完善，进口精准饲喂设备与厂区内基础设施存在一定的不兼容现象。因此，中小规模养殖场的饲喂方式仍然以人工饲喂为主，很难实现精准饲喂，导致饲料浪费严重。

近年来，随着我国畜禽养殖产业的蓬勃发展与综合竞争力的显著提升，传统粗放型饲喂管理模式已无法满足其高效产出和精细化生产的高标准需求。在此背景下，研发契合我国畜禽养殖业特点，能够实现精细化、个性化饲养的精准饲喂系统越发急迫。目前，国内已有多家公司对精准饲喂系统实现商品化，包括上海河顺生产的 HHIS-01A 型母猪电子饲喂站、郑州九川生产的妊娠母猪电子饲喂站等，基本实现了畜禽自动饲喂、数据分析、异常报警及远程通信等功能。但与欧美等畜禽养殖强国相比还存在一定差距，对自动化饲喂模式的关注及研发还处于初级阶段。

1.1.2　养殖环境监控

环境监控是畜禽标准化养殖关注的重点。养殖环境直接影响畜禽生长发育和繁殖，良好的养殖环境可有效预防、减少畜禽疫病的发生，促进畜禽健康生长。养殖环境监控技术采用各类传感器实时探测舍内环境状况，全面掌握养殖舍内环境状态及其动态变化趋势，构建科学合理的环境控制方案，实现养殖环境智能调控目标。

1.1.2.1　国外发展

国外智能化养殖环境监控系统较为成熟，已在现代化养殖场中广泛应用。最初的养殖环境控制依赖于在微处理器中预设环境参数阈值，当传感器监测值达到预设阈值时，系统自动触发命令操控关联的执行装置，确保养殖舍内部环境参数能够精确地维持在预设的理想范围内。20 世纪 90 年代以来，发展重点转向构建畜禽生长与养殖环境关系的统计模型和机理模型，旨在实现对养殖环境的精准调控。

美国研发了畜禽舍温度、湿度、氨气浓度等多要素耦合调控系统，将畜禽生物学模型和养殖舍环境控制模型有机结合，实现通风、温度、湿度、光强和光谱及时间的自动调节。澳大利亚研发的牧场集成化环控系统，实现了自适应控制通风和喷淋等。比利时和英国基于监畜禽舍环境和畜禽行为等信息融合，实现了对舍内光强、热舒适度和湿度等智能调控。德国 Big Dutchman 公司研制的畜禽养殖环境监控管理系统（The Agro Management and Control System，Amacs）实现了养殖环境的网络化监控管理，养殖舍内温湿度、有害气体浓度等数据的实时采集，以及环境设备和养殖设备的自动化控制。以色列的电脑全自动控制仪，能够自动完成控温控湿、供水和供料。荷兰的标准化家禽养殖场，具备较高的自动化水平，通过养殖舍内视频信息的分析，完善环境调控指标，实现多种环境参数的自动控制。日本在环境监测调控集群系统中集成专家系统，把环境监测调控与畜禽健康诊断有机结合，建立了"测–控–防"三位一体综合监控系统，不仅能够对养殖环境进行智能调控，还能实时诊断畜禽发病情况。加拿大圭尔夫大学研发出气味无线传感器检测设备，不仅能够实时监控养殖环境，还能根据气味分析出畜禽的健康情况等。

1.1.2.2 国内发展

我国畜禽养殖环境控制系统的研究与应用起步较晚，20 世纪 80 年代，开始采用温度、光照等传感器对养殖环境进行连续不间断监测，并配备相应的控制设备。随着科技发展和国外相关技术的引进，90 年代初逐步开展以单片机为核心的养殖舍环境监控系统的研究。

鉴于我国农业现代化进程的推进和畜牧业的快速发展，畜禽养殖的规模化和集约化程度不断提高，畜禽养殖环境监控研究与应用取得了显著进展。环境监测方面，采用温度、湿度、氨气、二氧化碳、风速、粉尘、光照等传感器，实时监测舍内环境参数，且不断优化传感器性能，通过多传感器数据融合等技术提高监测数据的精度和可靠性。环境控制方面，多数中大型养殖场配备了通风、温湿度控制、空气净化等设备，实现了基本的环境控制。但由于系统多为单一功能设备，集成度较低，难以实现复杂环境的综合调控，且自动化和智能化水平相对较低，需要人工干预。少数规模养殖场采用集成的环境控制系统，能够实现多种环境参数的综合调控。数据处理与分析方面，嵌入式 ARM 芯片逐渐取代了单片机，其性能更高、可扩展性更强，能够处理更复杂的数据和控制任务，提高了数据处理的速度和准确性。部分规模养殖场开始尝试采用大数据分析和人工智能技术，如机器学习、深度学习等，实现环境参数的智能预测和优化控制。

近年来，在畜禽舍环境智能调控技术装备研究方面，我国取得了很大进步。

中国农业大学、中国农业科学院农业信息研究所、京鹏环宇、大牧人等研究了基于物联网的畜禽舍温湿度和有害气体智能监控技术,实现了畜禽舍内关键因子在线监测预警和远程调控,但是目前研究侧重于以温度为主导因子进行单要素调控,正在朝着结合温湿度和有害气体等因子综合调控发展,但由于养殖工艺和气候条件不同,畜禽舍环境调控参数和核心算法差异较大,而且控制逻辑等关键技术受限于国外,已成为亟待解决的"卡脖子"技术难题。

1.1.3 畜禽健康监测

畜禽养殖全过程健康监测是提高肉蛋奶综合生产能力、降低生产成本、提高畜产品市场竞争力、减轻环境污染的重要手段,实现畜禽生理生化指标高效感知、生产投入产出精准监测、健康与风险科学评估,是畜禽规模化现代化健康高效养殖的关键,已成为各国研究的重点和热点。国外畜牧业发达国家如美国、德国、荷兰、澳大利亚等,畜禽健康监测具有系统性好、精准性高、智能性强、应用性广等特点。我国畜禽健康监测技术与装备近年来飞速发展,但与发达国家相比,还存在一定差距,主要表现在系统化程度较低、自动化能力较差、智能化水平较弱等方面。

1.1.3.1 国外发展

在畜禽生理生化智能监测采样方面,美国开发了多种高精度传感器,可实时监测畜禽体温、心率、呼吸频率、活动量、血液成分等生理参数;德国研发了自动化采样系统,可在不干扰畜禽正常生活的情况下自动采集血液、尿液等样本;英国研制的多种生物传感器可实时监测畜禽血糖、乳酸等生理生化指标。

在畜禽生产投入精准监测方面,美国、澳大利亚通过安装在饲料储存和输送系统中的传感器以及近红外光谱技术,实时监测饲料温度、湿度、霉菌毒素含量和挥发性有机物(VOCs)以及营养成分,基于在线水质传感器实时获取饮用水质因子(pH、电导率、浊度、余氯含量、溶解氧和微生物含量等);德国开发了多种高灵敏度生物传感器实时监测饲料营养成分和新鲜度。

在畜禽生产性能评价调优方面,美国、荷兰研制的生猪生长监测系统可实时监测猪只生长性能和健康状况,提高产肉速度和肉质;澳大利亚、英国基于图像和机器学习实现了肉鸡生长速度控制,提高饲料利用率;丹麦、荷兰基于智能感知和机器视觉实现了禽蛋无损检测和分级;以色列、瑞典利用智能项圈和挤奶机器人监测奶牛产奶量、乳脂率及体重等,并可预测繁殖周期。

在畜禽健康监测评价、大数据智能系统方面,比利时、瑞士构建的动物健康监测与风险评估指标体系可评估畜禽健康与福利；美国开发的 AHMS 系统用于畜禽疫病早期预警与防治；英国、荷兰研发的 Velos 系统集成了环境监测、饲料管理、生理感知、疾病预防等功能，可实现畜禽健康监测管理；法国、荷兰研制的基于专家系统的畜禽健康监测系统提高了畜禽养殖效率。

1.1.3.2 国内发展

在畜禽生理生化精准监测采样方面，我国近年来取得了阶段性突破。南京农业大学、中国农业大学研究了基于红外成像的猪只关键部位自动识别与精准测温；浙江农业科学院研制了比率型血钙检测荧光传感器，能够实现低浓度血钙快速检测和实时监测；京鹏环宇、小龙潜行、大牧人等研发了猪只体重、呼吸频率智能巡检机器人。但与国外同类装备相比，在模型算法鲁棒性、监测指标丰富度、传感器灵敏度与高通量、技术成熟度等方面均存在一定差距，且自主研发能力不足，已成为制约我国畜禽生理生化信息智能获取的关键难题。

在畜禽生产投入精准监测方面，我国近年来也取得了创新性成果。中国农业科学院畜牧兽医研究所首创研发的单胃动物仿生消化系统和后肠体外发酵模拟系统，可实现不同新鲜度饲料对畜禽养殖健康评价；浙江省农业科学院利用近红外光谱开发了金乌猪饲料新鲜度监测系统，研制的多参数水质传感器能够实时监测饮用水质。但与国外领先技术装备相比，在技术集成度与稳定性、监测实时性与模型算法精度、智能预警与风险管控等方面存在距离，也是我国畜禽健康养殖的关键制约瓶颈之一。

在畜禽生产性能评价调优方向上，我国近年来持续突破。中国农业大学基于机器视觉监测奶牛个体生理行为；中国农业科学院农业信息研究所基于热红外和深度学习构建肉牛体核温度检测模型，实现肉牛发情、健康和应激状态自动监测，提供繁殖计划、发情预测和配种建议；大牧人研发的种鸡称重式喂料机可实时监测种鸡个体体重；铁骑力士研发了料肉比检测技术装备可评价整体饲喂撒料产出比。但与国外先进技术相比，我国在技术成熟度与普及度、传感器能耗与精度、数据融合分析与模型泛化性等方面仍存在一定差距，也是影响畜禽生产力提升的关键核心问题之一。

在畜禽健康监测评价、大数据智能系统方面，我国近年来也取得了长足进步。中国农业科学院农业信息研究所首创的"物联牧场"理论方法，提出了畜禽养殖全过程监测指标体系、研制了智慧养殖大数据决策平台、集成了智能化调控设备与多源数据；南京农业大学建立了规模化养殖场畜禽健康综合评价体系；京鹏环宇、铁骑力士、大牧人等研发生产了畜禽养殖全产业链自动化设备，形成系列化解决方案。但与国外先进技术相比，在畜禽健康监测评价和风险评估体系的健全性和科学性、大数据智能系统决策的精准性和综合性、复杂应用场景下软硬件集成的系统性和整体性等方面均存在不足,难以规模化应用推广,已成为制约我国智慧畜牧业高质量发展的突出短板。

综上所述,当前我国亟需开展畜禽健康监测关键技术装备创制与应用的研究,这对解决我国畜禽健康监测过程中存在的畜禽舍环境多要素融合调控、生理生化智能感知采样、生产投入产出精准监测技术装备不足,自主研发能力较弱,畜禽健康评价和风险评估体系不健全等典型突出问题,提升我国畜禽规模化健康养殖技术水平和国际竞争力,促进我国畜牧业新质生产力可持续发展具有至关重要的意义。

1.2　国外畜产品质量安全追溯体系建设现状

全球性畜产品质量安全事件频发,国际组织及各国政府,尤其是发达国家,倾注了大量精力强化农产品质量安全监管工作,旨在全面筑牢食品安全屏障。畜产品质量安全监管模式呈现出多头分散向集中统一、只关注关键环节向全面加强全过程监管、政府部门主导向社会力量积极参与的多元化、综合化和全面化方向迈进。监管手段上强化科技投入,以信息化技术为支撑,建立了畜产品产销全过程信息化监管体系,集信息采集、分析、追溯、风险预警、信息发布和咨询服务等功能于一体,旨在通过严格监控、实时跟踪和精准追溯,确保畜产品质量安全。

1.2.1　欧盟

(1) 法律法规发布

欧盟是全球畜产品质量安全追溯的引领者,尤其是活牛和牛肉制品追溯。欧盟畜产品质量安全智慧监管工作源于 1989 年颁布的 89/396 号法案,规定对食品批次进行标记并通过批号编码识别来源。1997 年出台《食品安全绿皮书》,初步建立食品安全追溯体系,要求对牛肉和牛肉制品进行标识登记,并加贴标签。2000 年发表《食品安全白皮书》,首次把"从田间到餐桌"的全过程管理原则纳入食品安全政策,要求所有食品和食品成分具有可追溯性;同年,颁布《新牛肉标签法》(第 1760/2000 号法案),首次从法律层面上提出牛肉产品可追溯性要求,要求流通的牛肉必须贴有出生、饲养、屠宰或加工地点的标签。2002 年颁布《通用食品法》(第 178/2002 号法案),明确规定食品在生产、加工及流通的各个环节必须强制建立可追溯体系,其生产、加工过程所使用的初级原料、辅助材料及相关材料须具备完整的追溯信息；同时要求自 2005 年 1 月 1 日起，凡是在欧盟国家销售的畜禽食品必须具备可追溯性，否则一律禁止上市销售。2006年发布《欧盟食品及饲料安全管理法规》对食品添加剂、动物饲料、食品链污染和动物卫生等易发生食品质量安全问题的薄弱环节都进行了重点规定，实现了从初级原料、生产加工、终端销售到售后质量安全反馈的无缝隙衔接。

（2）追溯平台建设

欧盟与各成员国合力共筑畜产品质量安全防线，2001 年开始在成员国内部建立牛肉产品追溯系统。为构建完善的动物标识追溯体系，欧盟出台了系列法规以推行动物个体强制性标识政策，历时 4 年（1998～2002 年）专注于动物电子标识专项计划——IDEA 电子标识项目，标识了法国、德国、意大利、荷兰、葡萄牙和西班牙 6 个国家的 100 万头动物。基于该项目，各成员国依据欧盟相关法律法规建立起符合本国国情的各类动物标识追溯体系，对国内所有动物及动物产品生产企业实行标准化登记、注册，并授予欧盟统一编码，以确保畜产品全程可追溯。

当前欧盟畜产品跟踪和追溯采用国际通用的全球统一标识系统（EAN·UCC系统）。EAN·UCC 系统是全球开放的物流信息标识和条码表示系统，包含编码体系、数据载体和数据交换 3 部分，由国际物品编码协会（EAN International）和美国统一代码委员会（UCC）共同开发、管理和维护，为贸易项目、物流单元、资产、物理位置和服务关系等提供唯一标识。EAN·UCC 系统贯穿于畜产品生产流通全过程各环节信息化监管过程，强制记录产品完整详细的个体信息，妥善保存与之相关的数据资料、检测报告及各类证书。系统采用统一的中央数据库综合管理供应链中产品的轨迹信息，生产环节依托 EAN·UCC 系统建立起高效权威的验证和注册机制，加工环节建立详尽的加工信息管理体系，销售环节确保产品标签中包含供应链各环节的相关信息，便于出现问题时能够快速准确地沿信息链条反向追溯问题环节。

1979 年，欧盟开始建立食品和饲料快速预警系统（Rapid Alert System for Food and Feed，RASFF），为各成员国及欧洲自由贸易联盟诸国提供食品与饲料风险信息交流的平台，瑞士承担动物源食品安全控制的职责。RASFF 由欧洲食品安全局和欧盟委员会联合管理，负责通报食品安全预警信息、提出和响应食品饲料追溯与召回信息、发布食品安全年度报告，各成员国通过快速信息交换实时核查其受风险影响程度，评估是否需要采取紧急行动。随着 2022 年《通用食品法》的实施，RASFF 成为欧盟食品安全监管的核心工具。2014 年，欧盟创建了 RASFF 专属数据库和门户网站，向消费者提供食品召回和公众健康警告信息。

1.2.2 美国

（1）法律法规发布

美国政府高度重视畜产品质量安全监管工作，由农业部食品安全检查局（FSIS）重点负责。2002 年通过《生物反恐法案》，首次把农产品物流追溯体系建设上升到国家战略安全的高度。法案提出了"实行从'田间到餐桌'的风险管理"，要求相关企业必须建立产品可追溯制度，对农产品实行从生产、加工、包装、运输到分销和接收整条供应链环节实现可追溯。2005 年发布《食品安全跟踪条例》，要求所有食品运输、配送和进口企业建立并保存食品流通全过程记录，并于 2006 年底前建立食品质量安全可追溯制度。2009 年发布《食品安全加强法》，确定追踪食品流通时的技术和方法，规定了问题食品的禁止销售、召回及后续行动。2011 年发布《食品安全现代化法》，要求加强食品追溯和记录保存，标志着美国食品安全监管从单纯依靠检验为主过渡到以"预防为主"。2013 年颁布《牲畜跨州移动追溯最终法案》，建立了对跨州移动的畜禽进行追溯的最简化官方标识和文档需求，要求跨州移动畜禽必须进行官方标识并附有州际兽医检验证书及相关文档（特别豁免除外），详细规定了每种牲畜官方认可的标识形式，旨在提高在疫病中跟踪牲畜的能力。此外，还先后出台了《联邦肉类检查法》《联邦禽类产品检查法》《联邦蛋类产品检查法》《食品质量保护法》和《公众健康服务法》等多部涉及畜产品质量安全监管的联邦法律。

（2）追溯平台建设

美国政府于 2004 年开始筹建国家动物标识系统（National animal identification system，NAIS），目标是增强畜禽疾病的监测、诊断和快速响应能力，促进畜禽产品质量安全管理和卫生监管。该系统属于"企业自愿政府强制型"，是美国农业部国家动物卫生监测和检测项目的一部分，由农业部和国家机构与工业界合作开发，其最高管理机构是美国农业部动植物检疫局。系统监管对象覆盖所有饲养和管理的畜禽，包括牛、猪、羊（绵羊和山羊）、鹿（鹿和麋鹿）、马（马，骡子和驴）、家禽和水产等多种动物。

NAIS 是全面的动物识别和疫病可追溯系统，由国家养殖场信息库和国家动物记录信息库两大核心数据库构成。该系统通过标识养殖场和畜禽个体或群体转移信息，确定畜禽出生地和转移信息，为监管者和消费者提供畜禽出生、养殖、屠宰和加工过程的追溯信息；在疫病发生时，能够帮助联邦和各州政府迅速了解畜禽健康卫生状况，确保 48 小时内追溯到患病畜禽的来源，锁定所有与患病畜禽有直接接触的饲养场地，明确存在传染风险的畜禽及其位置，确保州间和州内畜禽健康安全转移，最大限度损失降低。

NAIS 包含养殖场标识、动物标识和动物跟踪 3 大核心功能，具体如下。

1）养殖场标识。由各州负责，各养殖场按要求向管理机构提交相关信息，获取唯一场地标识码（PIN）。养殖场信息收录于各州和美国农业部维护的国家养殖场信息库，包含实体名称、所有者或适当的联系人、街道地址、城市、国家、邮政编码、联系电话、房屋识别号码、类型、系统激活日期、退出系统日期和退出原因等。

2）动物标识。养殖场注册后，可从官方获取携带识别编码的动物标识，分为个体动物标识码（AIN）和群体动物标识码（GIN）。动物标识将动物和饲养场地关联，携带识别编码标记了畜禽出生地（原产地）或首次识别的位置，对同一个或者同一批次畜禽具有专有性，在必要时能够为动物卫生官员提供流行病学调查的起点。动物识别编码/设备的分发数据保存在由私人部门或国家维护的动物识别号码设备分发数据库中。

3）动物跟踪。动物在生产、加工、销售转运过程中，AIN 或 GIN 将与新的PIN 建立关联关系，转运动物的识别编码、转运后的养殖场标识及转运时间等信息实时上传数据库。生产者能够选择动物追踪数据库（由私营行业团体或国家运营和维护）并报告可能对疾病传播构成重大风险的某些动物运动。

由于 NAIS 计划过于繁杂，极大地加重了农户的负担，美国农业部于 2010 年2 月停止了 NAIS 计划继续推进，转而在 2011 年提出了动物疾病追溯规划（Animal Disease Traceability，ADT），专注于采用低技术含量的标识来监管跨州畜禽贸易，目前这一改进的计划正在持续推进中。ADT 建立了基于畜禽动物身份号码以及养殖基地识别的全国性数据库系统，通过电子识别技术与人工的结合实现动物个体身份识别，便于通过信息管理系统加强对动物溯源管理。ADT 的实施在一定程度上降低了追溯成本，使对跨州畜禽产品贸易的追溯管理成为可能。

1.2.3 加拿大

(1) 法律法规发布

加拿大的食品安全监管体系凭借其完善的法规体系、科学的管理模式和全面的追溯体系，成功赢得了国际社会的广泛赞誉与认可。为及时应对食品安全突发事件，加拿大食品检验局于 1999 年成立食品召回办公室，负责处理各级食品召回，并建立了加拿大食品召回标准系统。现行的与畜产品安全相关的联邦法律包括《食品与药品法》《肉类检验法》《动物健康法》等，针对防止动物疾病传播、防止有毒有害物质对动物的损害、防止病害通过动物损害人类及动物保护等问题做出规定。《动物卫生法规》规定任何动物或胴体在离开源农场时必须佩戴和保持一个批准的标签。此外,《饲养实践推荐规范》还对棚舍、饲料、饮用水、健康等方面作出了规范。2012 年颁布《加拿大食品安全法案》,要求建立适用于所有食品的更为一致的食品检验体制,强化食品追溯能力。

加拿大从 2002 年 7 月 1 日起开始实施国家牲畜标识计划(NLIS),强制性活牛及牛肉制品标识制度,要求所有牛只通过 RFID 耳标标识、所有牛肉制品采用符合标准的条码标识,畜牧场必须提供并及时更新其拥有的牲畜的血液和毛发样本,并从样本中提取 DNA 资料输入其数据库(生物 DNA 证据信息)。该系统可在数小时内对其销往各处的产品一直追溯到出生地点。2004 年,加拿大农业部专门成立 Can-Trace 机构推动食品追溯,推出《加拿大食品追溯数据标准》,基于 GS1 相关标准,参考"一步向上、一步向下"追溯模型,定义可实现食品供应链追溯的最精简数据集;并相继推出猪肉、牛肉、食品工厂等追溯示范案例,以在对应行业中导入时参考。同时,开始实行羊只标识计划(Canadian Sheep Identification Program,CSIP)。

(2)追溯平台建设

加拿大于 2006 年推出全国性的牲畜追溯系统(Canadian Livestock Tracking System,CLTS)。系统由畜牧场、拍卖市场、包装厂、兽医和奶制品行业各界代表组成的加拿大牛只鉴定机构发起并建立,分为国家和省、区域 2 级。省级追溯方面,以阿尔伯塔省发展最为突出,率先主动推进家畜追溯,为其他省份提供范例;魁北克省于 2001 成立 Agri-Tracabilité Québec 机构,在应用射频识别(Radio Frequency Identification,RFID)技术推动电子标识方面走在前列。

CLTS 基于动物鉴定、预先识别和动物运动三个基本要素建立,应用 RFID 记录追踪整个产销流程,服务动物健康保护、公共卫生和食品安全等多方面,减少在紧急或疫情暴发期间的反应时间,从而限制疾病暴发、食品安全问题和自然灾害的经济、环境和社会影响。

1.2.4 日本

1.2.4.1 法律法规发布

为加强新形势下畜产品质量安全的监督管理,日本采取强制与自主相结合的方式推进畜产品质量安全监管工作,可追溯管理模式已覆盖所有畜产品。日本于 2001 年开始建设肉牛可追溯体系,要求肉牛业实施强制性的可追溯制度,制定了"牛肉身份证"制度,建立起牛个体信息系统,要求肉品加工者在屠宰时采集并保存每头家畜的 DNA 样本，消费者可以通过销售终端查询牛肉产地、品种、出生日期、饲料成份、屠宰日期以及流通过程等信息。2002 年将食品信息安全追溯制度作为"安全、安心信息供应计划"的关键环节之一，推广到全国的猪肉、鸡肉等肉食产业。2003 年发布《食品可追溯指南》，为农产品生产经营企业在生产、加工、流通等不同阶段建设可追溯系统提供详细指导；同年，对牛肉的生产、加工、流通到销售整个供应链实现全程追溯。2004 年底规定出售的每一块牛肉均有标记相应动物来源号码的标签，牛肉来源的追溯成为可能，同时，开始实施牛肉以外食品的追溯制度。2005 年，农业协作组织对通过该协会统一组织上市的肉类、蔬菜等所有农产品实现可追溯，同时，建立了食用农产品认证制度，对进入日本市场的农产品要进行"身份"认证。2006 年制定《牛肉生产履历法》，建立国家动物溯源信息系统，规定国内的牛出生后必须设定识别号码，由家畜改良中心集中管理每一头牛的号码、出生年月日、品种、移动记录等信息。日本通过《牛只个体识别情报管理特别措施法》，强制在生产阶段对牛进行耳标标识，流通阶段的食用肉中间商、零售商及烤肉店等特定料理营业商等须保持翔实的流通记录，并要求料理营业商在菜单上标识牛肉的标识码，同时，在生产和流通阶段都有不定期的 DNA 抽检。2008 年，日本强制对本国牛肉生产实施追溯制度，之后逐步扩大到其他食品。日本为每种农产品所记录的信息分配一个"身份证"编码，整理成数据库并发布到网站上供消费者查询。

1.2.4.2 追溯平台建设

追溯平台建设方面，日本没有统一、综合的国家农产品追溯平台。为保障农产品生产消费安全，日本农协建有"全农放心系统"，将经由农协系统销售的所有农产品及加工食品纳入生产、加工、流通全过程跟踪追溯范畴。畜产品追溯方面，建有"牛只个体识别信息系统"（官方性质）、"家禽追溯系统"（肉鸡协会）等，一些大型农产品生产基地或流通企业也都自行建立了可追溯系统。"全农放心系统"的核心功能包含信息管理、检查认证、信息公开 3 部分。

（1）信息管理

信息管理主要采用 IT 技术记录并保存畜产品生产、加工、流通阶段的作业数据，识别记录产品位置及相关信息。生产阶段，畜禽养殖者根据养殖基准的要求从事养殖并建立养殖履历信息管理系统，养殖履历中记录饲料的名称和投喂方法、使用的药品名称和用药日期等。养殖履历信息汇总到"全农放心系统"的信息管理系统，由农协统一形成批次、建立批号并记录和保管养殖者的信息，建立生产、入库、出库信息的数据库。加工流通阶段，经营者根据相关法规、产品质量标准、加工流通基准等进行加工流通处理，并建立从原料进货到出货的履历。

（2）检查认证

"全农放心系统"构建了一套严格的检查认证体系。检查环节分为内部检查和外部检查两个阶段。内部检查阶段是生产经营单位内部指定专门的检查员，根据企业制定的《检查手册》，对畜产品在生产流通过程的物流和信息流进行检查。外部检查阶段由经过农林水产省登记备案的第三方认证机构的检查员对实施畜产品质量安全可追溯系统的经营单位进行检查。检查内容包括：生产者遵循生产基准从事生产的基本情况，产品生产、加工、流通各阶段的可追溯履历管理系统的完善性，履历信息的准确性和完整性等。认证环节是将外部检查结果提交给第三方认证机构审查合格后，由农协给申请者发放"全农放心系统"认证证书。

（3）信息公开

通过互联网、零售点的宣传广告、食品包装标识等途径向消费者提供有关畜产品生产、加工、流通情况信息。信息公开的内容包括：追溯制度信息，畜产品产地、生产方式、能够确定有关食品危害原因以及预防控制的信息，生产者希望宣传的其他信息。

1.2.5 韩国

（1）法律法规发布

韩国拥有完善的畜产品质量安全监管、认证标准和追溯制度体系，履历追溯制度已覆盖牛、猪、鸡、鸭和鸡蛋，对畜禽生产、屠宰、流通、销售的所有阶段的信息进行记录、管理，出现问题时可迅速采取召回、停止流通等措施。韩国《食品卫生法》和《食品安全基本法》两大基本法，分别确立了食品履历跟踪管理制度、食品安全事故紧急应对体系和跟踪调查回收机制。2005年开始试行农产品可追溯制度，补充修订了农产品质量控制法令，引入全方位的农产品追溯程序，并规定从2006年1月起在全国范围内推行农产品追溯计划。2007年发布《牛和牛肉可追溯法案》，并制定《农产品质量管理法施行细则》《牛和牛肉追溯施行细则》等具体法规，从注册、登记、变更、标识、有效性、数据提交等方面详细规定了韩国饲养牛追溯的实施要求。2009年推出《农产品追溯管理标准》、2012年发布《农产品追溯管理系统详细实施指导》、2013年发布《食品追溯标准指南》和《食品追溯基本准则》，共同推动农产品追溯在供应链中的实施。

（2）追溯平台建设

韩国从2004年开始畜产品追溯项目试验，完成了包含肉牛、奶牛、猪和家禽数据的整合牲畜信息系统（Integrated Livestock Information System，ILIS）建设。

农管院与相关部门联合运营了"农产品履历追溯系统",动物检疫局负责运营"畜产品追溯信息系统"。奶牛改良中心负责维护韩国奶牛产奶记录系统,动物改良协会负责维护覆盖韩牛、奶牛和猪的注册信息系统。农林局和动物检疫局负责维护牛肉追溯信息系统和猪肉追溯信息系统,在推广 RFID 对牲畜进行标识的同时,将 DNA 检测纳入追溯体系,通过牛/猪肉单一、组合乃至批次包装上的 12 位字符的牛/猪只个体追码,追溯牛/猪只养殖、转运到屠宰、分解、DNA 测试和等级等信息。每个系统追溯对象不同、编码标识标准不同、标签标识不同。此外,韩国还建有专门的"不安全产品筛查系统",相关部门和检测机构发现问题产品线索时,将实时发布到这个系统,再通过这个系统发给各地零售批发商,以及时召回问题产品。

1.2.6 澳大利亚

(1) 法律法规发布

澳大利亚是世界牛肉的主要出口供应国,国际公认的无牛感染病国家,也是最早建立肉牛追溯体系的国家之一。为保持牛肉产品的高标准,澳大利亚各级政府和业界深度合作,建立了由法律法规、行业标准与全程追溯体系共同组成的强大保障体系。2005 年澳大利亚和新西兰联合颁布了《澳大利亚新西兰食品标准法典》(ANZFSC),形成了较为完善的食品安全和食品标准法律法规体系,规范了食品标签和其他信息的具体要求,对流通环节的单据和食品召回做出了明确规定,要求从事食品流通、制造和进口的企业建立电子系统,详细记录产品名称、数量、标识信息、生产记录、出厂记录及其他记录。

(2) 追溯平台建设

澳大利亚于 2001 年开始建立并推行国家牲畜识别系统(National Livestock I-dentification system,NLIS),即畜产品质量安全追溯系统。NLIS 是一个永久性的身份系统,能够追踪家畜出生到屠宰的全过程,被业界称为"最牛身份证"。系统采用经 NLIS 认证的耳标或瘤胃标识球标识家畜个体身份,由国家中央数据库对家畜标识信息和迁移信息进行统一管理,实现对家畜个体从出生到屠宰的全过程追踪。自动数据采集可有效提高家畜个体记录的准确性,同时,通过将胴体信息与家畜个体生产数据关联,可显著提高育种管理及决策能力。

加入 NLIS 系统的家畜必须使用统一的电子耳标,且实施 NLIS 系统是进入欧盟牛肉市场的必备条件。基于 NLIS 的家畜追溯包含三个要素:一是用于识别家畜身份的视觉或电子耳标设备;二是通过财产识别码(Property Identification Code,PIC)识别的物理位置;三是用于存储和关联移动数据和相关详细信息的数据库。家畜在供应链中的购买、销售等地理位置迁移，必须使用 NLIS 认可的标签或设备进行标记。不同 PIC 的每次位置移动都会被具有 NLIS 账户的人员集中记录在 NLIS 数据库中，基于这些信息，NLIS 能够提供动物居住的生活史，并能够辨别牲畜可能接触过的其他动物。NLIS 数据包括家畜的年龄、体重、外形、配种、繁殖时间、产奶量、牧场地址、转卖日期、买主姓名以及运载出口牛肉的货柜编号等信息。

1.2.7　英国

（1）法律法规发布

英国农业结构以畜牧业为主导，畜牧业产值远高于种植业，其完善的畜产品质量安全法律体系、管理体制、认证标准、检测监督和追溯体系，为畜产品质量安全监管的有效实施提供了保障。1984 年颁布的《食品法》、1990 年颁布的《食品安全法》、1996 年颁布的《食品标签规定》和 1999 年颁布的《食品标准法》等法律法规，对畜产品的监管范围囊括从养殖场到餐桌整条食物链的各个环节。2000 年建立食品安全"一条龙"监控机制，对上市销售的所有畜产品进行追溯；对于问题畜产品，监管人员可以快速查询产品来源等信息。

（2）追溯平台建设

英国从 2000 年开始建设覆盖全国的农产品溯源体系，建立了国家统一的数据库，详细记载生产链中被监控对象移动的轨迹，追踪检查产品从生产到销售的每个环节。在畜牧养殖和畜产品加工行业的可追溯系统研究及建立方面，建立的风险控制执行机构体系已经完全覆盖了可追溯系统安全控制的所有环节。

建立了家畜辨识与注册综合系统，记录家畜的耳标、养殖管理、身份证等信息，用于对家畜进行追踪定位，系统包含"标牌、农场记录、身份证、家畜跟踪系统"四要素。其中，标牌用于记录每头家畜的唯一号码，一般是家畜两只耳朵的耳标；农场记录包含家畜出生、转入、转出和死亡等信息；身份证用于记录家畜出生后的完整信息；家畜跟踪系统 CTS 用以实现获得身份证的家畜从出生到死亡的整个生命周期的信息记录和追溯，支持农场主在线登记注册家畜信息，查询在栏家畜情况、任意一头家畜的转栏情况，并可对处于疾病危险区的家畜进行跟踪，为家畜购买者提供质量担保，并以此来提供消费者对肉食品的信心。

1.2.8　其他国家

法国推行牛肉质量追溯制度起步于 20 世纪 80 年代，起初局限于一些特殊的牛肉制品，属个别企业的行为。1995 年欧洲出现疯牛病后，法国政府要求牛肉生产相关从业者必须建立质量追溯体系，承担相关追溯义务。目前法国牛肉的追溯工作落实到了牛肉生产、加工、销售、消费各个环节，已经成为相关从业者共同遵守的行为准则。

荷兰建立了针对肉蛋制品的综合生产链管理系统（IKB），它是一种质量检测和控制系统，其目的是保证生产链中所有重要活动都在受控情况下进行，1992 年首先在猪肉生产中开始实行，1995 年开始对牛肉生产实行，目前超过 3/4 的荷兰猪肉和大部分的牛肉都使用 IKB 标志。

1.3 我国畜产品质量安全追溯系统建设现状

我国畜产品追溯体系建设采取了从"分段监管"向"集中监管"过渡的逐步推进的建设策略。建设历程可以划分成两个阶段：第一阶段为 2001 ~ 2012 年，以"分段管理为主、品种管理为辅"；第二阶段为 2013 年至今，对食品安全的生产、流通和消费环节进行统一监管，步入"全产业链管理"模式。

1.3.1 国家层面畜产品质量安全智慧监管现状

国家层面上，我国畜产品质量安全监管涉及农业农村部、商务部、国家市场监督管理总局、国家卫生健康委员会、海关总署和中国动物卫生与流行病学中心等多个部门，形成了跨部门、多层次的监管体系。其中，饲料加工和畜禽养殖业务由农业农村部管理；畜禽屠宰及生鲜畜禽产品加工和销售的行业准入、技术质量标准与卫生标准制定由农业农村部、国家市场监督管理总局、国家卫生健康委员会负责；地方农牧部门、市场监督管理部门、卫生部门等负责本行政区域内行业企业的监督管理工作；牲畜及相关肉产品的国内流通和国际贸易归商务部门管理。

1.3.1.1 法律法规建设

在畜产品质量安全追溯法律法规建设方面，我国构建了以《中华人民共和国畜牧法》《中华人民共和国动物防疫法》《中华人民共和国食品安全法》《中华人民共和国农产品质量安全法》等法律为基础的多层次法律法规体系，同时颁布了众多部门规章与规范性文件。

法律颁布方面，全国人民代表大会常务委员会于 2005 年颁布《中华人民共和国畜牧法》，规定国务院农业农村主管部门应制定畜禽标识和养殖档案管理办法，采取措施落实畜禽产品质量安全追溯和责任追究制度；2006 年颁布《中华人民共和国农产品质量安全法》，规定国家对列入农产品质量安全追溯目录的农产品实施追溯管理，提出国务院农业农村主管部门应会同国务院市场监督管理等部门建立农产品质量安全追溯协作机制、管理办法和追溯目录；2007 年修订《中华人民共和国动物防疫法》，规定饲养动物的单位和个人应当履行动物疫病强制免疫义务，并按照国家有关规定建立免疫档案、加施畜禽标识，保证可追溯。2009 年颁布《中华人民共和国食品安全法》，为构建完善的食品可追溯系统提供了法律保障；2015 年修订版提出，国务院食品药品监督管理部门会同国务院农业行政等有关部门建立食品和食用农产品全程追溯协作机制；2018 年第一次修正版提出，鼓励食品生产经营者采用信息化手段采集、留存生产经营信息，建立食品安全追溯体系。

中共中央、国务院高度重视"三农"问题，2004～2024 连续 21 年发布以"三农"为主题的中央一号文件，多次强调建立完善畜产品追溯体系。2007 年首次提出建立和完善动物标识及疫病可追溯体系，建立农产品质量可追溯制度；2008 年提出健全农产品标识和可追溯制度；2009 年提出加快推进动物标识及疫病可追溯体系建设，实行严格的食品质量安全追溯制度、召回制度、市场准入和退出制度；2012 年提出强化食品质量安全监管综合协调，加强检验检测体系和追溯体系建设；2013 年明确落实从田头到餐桌的全程监管责任，健全农产品质量安全和食品安全追溯体系；2014 年提出支持标准化生产、重点产品风险监测预警、食品追溯体系建设；2015 年提出建立全程可追溯、互联共享的农产品质量和食品安全信息平台；2016 年提出加快健全从农田到餐桌的农产品质量和食品安全监管体系，建立全程可追溯、互联共享的信息平台；2017 年全面提升农产品质量和食品安全水平，建立全程可追溯、互联共享的追溯监管综合服务平台；2018 年实施质量兴农战略，加强农业投入品和农产品质量安全追溯体系建设；2019 年调整优化农业结构，实施农产品质量安全保障工程，健全监管体系、监测体系、追溯体系；2020 年强化全过程农产品质量安全和食品安全监管，建立健全追溯体系，确保人民群众"舌尖上的安全"；2023 年加大食品安全、农产品质量安全监管力度，健全追溯管理制度。

农业农村部负责畜产品质量安全的宏观指导、监督管理和技术支持，包括制定畜产品质量安全相关政策、标准，监管动物源性食品安全，指导畜产品生产过程中投入品（如饲料、兽药）的合理使用，以及对重大动物疫病防控、种畜禽管理、奶业质量监管等工作。农业农村部从 2001 年开始实行动物免疫标识制度，2002 年发布《动物免疫标识管理办法》，规定动物免疫标识包括免疫标识和免疫档案，猪、牛、羊等家畜经过重大疫病免疫后必须佩戴免疫耳标。2006 年发布

《畜禽标识和养殖档案管理办法》，规定从 2007 年 7 月起在全国推广动物标识及疫病可追溯体系。2010 年发布《动物防疫条件审查办法》，规定动物饲养场需建立免疫、用药、检疫申报、疫情报告、无害化处理、畜禽标识及养殖档案管理等动物防疫制度；发布《关于加快推进动物标识及疫病可追溯体系建设工作的意见》，提出要进一步完善追溯体系建设的各项规章制度和技术规范，加强对牲畜耳标和移动智能识读器等的管理，做好耳标佩戴和信息采集传输工作，加强追溯体系建设档案管理，建立和完善追溯体系数据中心，加快追溯体系研发应用力度，积极开展可追溯管理。2016 年发布《农业部关于加快推进农产品质量安全追溯体系建设的意见》，提出应用现代信息技术加快推进全国农产品质量安全追溯体系建设，建立国家农产品质量安全追溯管理信息平台，加快构建统一权威、职责明确、协调联动、运转高效的农产品质量安全追溯体系，实现农产品源头可追溯、流向可跟踪、信息可查询、责任可追究，保障公众消费安全。2021 年印发《牲畜耳标技术规范（修订稿）》和《牲畜电子耳标技术规范》，进一步规范牲畜耳标使用管理，推广使用牲畜电子耳标，提高牲畜可追溯性。2023 年印发《农业农村部办公厅关于加强畜禽标识管理工作的通知》，强调要提升信息化管理水平，加强畜禽标识管理，确保追溯体系有效运行，提升动物疫病防控能力。省级农业农村部门要结合畜牧兽医生产经营主体统一赋码及基础信息采集工作，尽快建立省级畜禽标识数据库，开展省部畜禽标识信息共享；县级农业农村部门要通过农业农村部相关畜禽标识信息追溯系统或者 APP 签收畜禽标识，实现签收、发放、加施、使用、注销等信息闭环管理。

商务部负责以流通为核心的畜产品流通市场体系建设、流通秩序管理等，通过规范市场行为间接保障畜产品质量安全。2010 年印发《全国肉类蔬菜流通追溯体系建设规范（试行）》，在大连、上海、南京、无锡、杭州、宁波、青岛、重庆、昆明、成都开展肉类蔬菜流通追溯体系建设试点。2017 年，商务部、工业和信息化部、公安部、农业部等 7 部门发布《关于推进重要产品信息化追溯体系建设的指导意见》，提出全面推进现代信息技术在农产品质量安全领域的应用，尽快搭建国家农产品质量安全追溯管理信息平台，完善肉类蔬菜追溯体系，健全完善追溯管理与市场准入的衔接机制，以扫码入市或索取追溯凭证为市场准入条件，构建从产地到市场到餐桌的全程可追溯体系。

此外，国务院办公厅于 2015 年发布《国务院办公厅关于加快推进重要产品追溯体系建设的意见》，推进食用农产品追溯体系建设，提出建立肉类等食用农产品质量安全全程追溯协作机制，以责任主体和流向管理为核心、以追溯码为载体，推动追溯管理与市场准入相衔接，实现食用农产品"从农田到餐桌"全过程追溯管理；推动农产品生产经营者积极参与国家农产品质量安全追溯管理信息平台运行；推进主要农业生产资料追溯体系建设；以兽药、饲料等主要农业生产资料登记、生产、经营、使用环节全程追溯监管为主要内容，建立农业生产资料电子追溯码标识制度，建设主要农业生产资料追溯体系，实施全程追溯管理，保障农业生产安全、农产品质量安全、生态环境安全和人民生命安全。

标准建设方面，中国动物疫病预防控制中心先后制定《畜禽耳标技术规范》《动物标识及疫病可追溯业务流程标准》等 27 个技术标准，指导和保障畜产品质量安全追溯体系建设。

1.3.1.2 追溯平台建设

畜产品质量安全追溯制度建设的强化，推动了国家到地方各级追溯平台的建设和完善，构建了多层次、立体化的畜产品质量安全追溯体系。国家层面，建立了全国性的畜产品质量安全追溯平台，旨在通过信息化手段整合数据，实现畜产品生产到消费全过程各环节信息的追踪，有效提高监管效率、保障畜产品质量安全。地方层面，配套建设区域性追溯平台，更加注重实施细节、适应地方产业特点和监管需求，同时，与国家平台互补，形成上下联动、互为补充的追溯体系网络，促进了追溯体系在基层的有效落地。企业层面，在政府引导和支持下积极建设畜产品质量安全追溯系统，在满足国家规定的追溯要求的前提下，提升企业管理效率，降低潜在的产品质量安全风险，增加了产品透明度，提升了消费者信任度，实现了企业自身品牌形象的提升，获得了市场竞争优势，进一步推动了质量安全可追溯系统在中国的应用和发展。

（1）农业农村部畜产品质量安全追溯平台建设

农业农村部于 2002 年成立农产品质量安全中心，开始推动农产品质量安全追溯体系建设。建立了农产品标准数据库、例行监测信息系统、监督抽查数据库、"三品一标"业务系统、风险评估数据库、风险评估项目管理库等信息化支撑系统。2009 年开始筹建"国家农产品质量安全监测信息平台"，包含监测数据汇总、风险分析和预警三大系统，用于加强监测资源统筹、信息共享和上下联动，促进提高农产品质量安全监管科学决策水平。陆续上线"国家农产品质量安全追溯管理信息平台""国家农产品质量安全公共信息平台"和"中国农产品质量安全公众号"等信息服务平台，分类建设了饲料、兽药等农资追溯体系。

1）国家农产品质量安全追溯管理信息平台。该平台于 2017 年 6 月上线运行，是农产品质量安全智慧监管和国家电子政务建设的重要内容。该平台以责任主体登记和产品流向管理为核心，分为信息采集、信息查询、分析决策、数据共享四大系统。针对畜产品质量安全，平台采用全程赋码模式，实现畜禽养殖、屠宰、加工、销售等全过程各环节信息监管和统计查询，基于追溯、监管、监测和执法数据的统计分析，进行产品质量安全风险预警和指挥调度，为各级畜产品质量安全监管机构、检测机构、执法机构以及生产经营者、社会公众提供信息化服务。同时，上线了移动专用APP、监管追溯门户网站和国家追溯平台官方微信公众号。配合平台运行，农业农村部出台了《农产品质量安全信息化追溯管理办法》，国家追溯平台主体注册、标签使用等配套制度和基础标准，基本建立了统一的国家农产品质量安全追溯制度框架。平台已与29个省级农产品质量安全追溯平台和农垦行业平台对接，实现了数据共享、业务互融。

2）中国农产品质量安全网（国家农产品质量安全公共信息平台）。该平台是国家农产品质量安全信息发布、无公害农产品认证和农产品地理标志登记的主渠道，服务政府、企业和公众三大主体。按照政务信息资源整合要求，平台构架以国家农产品质量安全追溯平台为基础，功能涵盖无公害畜产品网上申报、认证程序、技术规范、检测、监督管理、培训和退出公告发布，以及产品、产地、防伪和标识征订信息查询；畜牧类地理标志产品网上申报和登记、检验检测、监督管理、培训管理、国际交流、公示公告、工作动态等信息发布，产品查询和防伪查询，以及相关资料下载。

3）"中国农产品质量安全"微信公众号。"中国农产品质量安全"微信公众号是农产品质量安全政务信息即时共享、热点问题科学解读、"三品一标"农产品及名特优新产品信息快捷查询的便民服务平台。公众号以农产品质量安全信息发布为主，融入公众查询和参与互动功能。畜产品质量安全信息共享方面，侧重于权威发布畜产品质量安全最新资讯，曝光畜产品（饲料、兽药等投入品）质量安全黑名单，提供"三品一标"畜产品及名特优新产品信息查询服务，强化从生产到消费全程可追溯体系，推动畜产品质量可追溯，帮助公众精准捕捉有价值的信息，极大提升了消费者获取安全农产品信息的效率。

（2）商务部

商务部会同财政部自2010年开始，分五批在全国58个城市开展肉菜追溯体系建设试点工作。建成了以中央、省、市三级追溯管理平台为核心，以追溯信息链条完整性管理为重点的全国互联互通、协调运作的肉类蔬菜流通追溯体系。

1）国家重要产品追溯体系门户网站。国家重要产品追溯体系门户网站于2017年上线试运行，主要功能是全面反映各部门、地区、行业组织及企业重要产品追溯体系建设情况，宣传国家重要产品追溯体系相关政策法规和标准制度，为消费者提供统一权威的追溯信息查询窗口。畜产品追溯方面，通过新闻资讯模块发布畜产品追溯工作动态、媒体报道、建设情况和成功案例等，通过政策法规模块宣传追溯法律法规、政策文件和标准认证等，通过试点示范模块展示肉类蔬菜流通追溯，通过公众服务模块提供手机查询、终端查询和关注E追溯微信公众号查询等多种查询方式,实现对建立追溯体系的企业及其产品生产、流通等各环节的清晰了解,增强对追溯的认知度和参与度。

2)重要产品追溯管理平台。重要产品追溯管理平台是全国重要产品追溯体系的重要组成部分,分为国家重要产品追溯管理平台和地方重要产品追溯管理平台。国家重要产品追溯管理平台汇总交换省市及第三方追溯平台等以生产经营主体、产品类别、生产流通过程为基本内容的追溯信息,与相关部门追溯数据共享交换,支持跨区域追溯链条合成、应急事件管理、信息综合利用、地方追溯工作监测评价等业务。地方重要产品追溯管理平台包括省、市以及具备条件的县(区)级追溯管理平台,汇集本地区生产经营主体信息、产品类别信息、生产流通过程信息等,支持市场化第三方追溯平台数据接入,具备追溯主体和产品信息管理、数据质量管理、追溯应急管理、追溯数据分析等功能,汇集各追溯节点数据,并向上一级平台报送和交换追溯数据。畜产品追溯方面,重要产品追溯管理平台已实现试点范围内肉类产品来源可追溯、去向可查证、责任可追究,有效提升流通领域畜产品质量安全保障能力。

(3)工业和信息化部

根据《食品质量安全追溯体系建设试点工作实施方案》《信息化和工业化深度融合专项行动计划(2013—2018年)》,工业和信息化部于2013年着手建设食品质量安全追溯体系,在婴幼儿配方乳粉、白酒、肉制品等领域开展食品质量安全信息追溯体系建设试点。依托国家食品工业企业诚信信息公共服务平台,建设食品工业企业追溯平台,与食品生产企业的追溯信息系统对接,为消费者提供企业法定公开的产品质量安全信息追溯服务。食品工业企业追溯平台包含生产企业信息系统、企业数据交换系统、公共标识服务系统、行业应用公共系统、客户终端查询系统和信息安全认证系统6个系统,为生产企业提供查询入口统一、数据存储安全、查询高效的对外追溯服务,建立了生产企业与消费者等追溯用户之间数据流转的桥梁。消费者可通过平台网站、手机应用系统("食品溯源"APP等)、微信公众号等追溯奶粉的生产企业、奶源和流通过程等信息。

(4)国家市场监督管理总局

为创新食品生产监管措施,切实提高食品安全水平,国家发展和改革委员会于2012年会同财政部复函同意在七个领域开展国家物联网重大应用示范工程,明确由国家市场监督管理总局组织实施国家重点食品质量安全追溯物联网应用示范工程,重点搭建第三方追溯公共服务平台,加强乳制品、白酒行业重点生产企业的质量追溯信息化改造,探索政府、企业、社会共同监督的新型监管模式。

中国食品(产品)安全追溯平台是重点食品质量安全追溯物联网应用示范工程,由国家市场监督管理总局组织实施,中国物品编码中心建设及运行维护。

平台基于全球统一标识系统（GS1）建设，包含生产企业追溯（易码追溯）、经营企业追溯、政府监管三个子平台，面向消费者、企业和政府提供多层次产品追溯服务，多角度、全方位助力产品质量安全追溯体系建设。平台依托互联网"云"技术，与全国31个省级平台的追溯与监管数据互联互通，与商品条码基础数据库、QS产品认证数据库、监督抽查数据库等质检信息资源整合，形成产品质量安全数据库。基于商品条码"全球身份证"特性，提供肉、禽、蔬菜、水果、水产品、加工食品等重点食品全生命周期质量安全追溯，形成全社会共同参与、共同监督的食品质量安全追溯监管网络。

1.3.2 地方政府层面畜产品质量安全智慧监管现状

地方各级畜牧兽医、农业、商务、市场监管、卫生健康等部门按照各自职责，负责本行政区域内的畜产品质量安全监管工作。多数省、自治区、直辖市建立了农产品质量安全智慧监管平台和（或）农产品质量安全追溯平台，在省、市、县（区）、企业各个层面，生产、经营、监管等各环节实现了畜产品产销各环节质量安全监管的智慧化。当前已有29个省级平台与国家农产品质量安全追溯管理信息平台对接，全国一体化畜产品质量安全监管体系建设取得了显著进展。

1.3.2.1 代表性省份

（1）北京市

北京市高度重视畜产品质量安全，在畜产品质量安全智慧监管方面开展了大量工作。先后发布《北京市食品安全条例》《北京市动物防疫条例》等法规条例，制定《北京市畜禽产品食品安全监督管理暂行办法》，规定从事畜禽产品生产、销售以及使用畜禽产品为原料从事餐饮服务活动，应当建立畜禽产品进货查验记录制度，保存检疫合格证明、进货票据等相关凭证，确保畜禽产品可追溯。

北京市已建立起涵盖畜禽养殖、屠宰、加工、流通直至消费终端的全程追溯系统，确保了从源头到餐桌的全程可追溯。2006年，正式启动"首都食品安全监控系统"，系统由市、区两级平台构成，覆盖食品生产、流通和消费的各个环节。2007年开始推进北京市食品安全追溯体系建设，形成了由北京市统一的食品安全追溯数据中心为一级平台和果蔬、动物、预包装食品、奥运食品四个子系统构成的追溯体系。食品安全追溯数据中心负责汇集、分析、评估、跟踪、预警来自子系统的食品安全追溯信息，子系统覆盖主要食品种类及奥运食品的种植、养殖、生产加工、物流配送等环节，实现了畜禽产品、果蔬产品、水产品从农田到餐桌各环节实时精准查询。2008 年，首都食品安全追溯系统全面启动，以畜禽产品的全面追溯为龙头，逐步将生猪屠宰企业、牛羊肉家禽等生产加工企业纳入追溯系统，实现畜禽产品百分百追溯，从源头保证畜禽产品质量安全。同时，为物流配送中心、超市、食品批发市场配备追溯终端，通过扫描食品包装的条形码进行追溯，市民也可通过首都食品安全网对纳入追溯系统的食品进行追踪查询。2020 年正式启用北京冷链食品追溯平台，实施"首站赋码、进出扫码、一码到底、扫码查询"的管理模式，加强对进口冷藏冷冻肉类和水产品的监管，确保食品安全。消费者可通过微信或支付宝扫描产品包装或销售货柜上的电子追溯码，进行产品全过程信息追溯。

（2）上海市

上海市积极响应国家政策，出台了多项法规文件，为畜产品追溯体系建设奠定坚实的法治基础。2001 年发布《上海市食用农产品安全监管暂行办法》，提出建立食用农产品安全卫生质量跟踪制度；2004 年发布《上海市畜禽养殖管理办法》，规定畜禽养殖场应当建立涉及养殖全过程的养殖档案，确保畜禽产品质量的可追溯性；2015 年发布《上海市食品安全信息追溯管理办法》，明确对粮食及其制品、畜及其制品、禽及其制品等食品和食用农产品实施信息追溯管理。

上海市积极推进畜产品质量安全追溯管理，加强生产经营主体责任落实，提升畜产品质量安全监管水平。全新升级的"上海市食品安全信息追溯平台"于2023 年正式上线运营，是上海市市场监管局食品安全专业监管系统的重要组成部分，与食品安全综合监管、移动监管同属城市运行"一网统管"平台，进一步升级食品安全网格化管理内容，形成"一屏观天下、一网管全城"的食品安全信息追溯场景可视化效果。平台重构了"1+N"的顶层设计模式，全面对接"市场监管 App""政务微信""随申办""随申办企业端"和"上海市食品生产经营企业追溯管理系统"，通过追溯手段，记录分析食品相关企业的生产流通数据，协助相关部门进行食品安全监管。平台已实现对纳入上海市食品安全信息追溯管理目录的食品和食用农产品的追溯信息覆盖率、上传率和本市生产食品的外包装赋码率均达到 100%，消费者所购食品一旦出现问题，可快速追溯出现问题的环节，明确涉事企业或责任人，找出问题食品的流向渠道。

（3）天津市

天津是最早一批启动农产品质量可追溯制度建设试点工作的城市之一，自2005 年开始探索适合当地的追溯制度建设。2017 年发布《天津市重要产品追溯体系建设实施方案》，旨在形成全市追溯数据的统一共享交换机制，初步实现跨部门、跨地区的追溯信息互通共享，提升企业追溯意识，增强社会公众对追溯产品的接受度。

天津市农业农村部门先后建成放心肉鸡、放心猪肉等放心畜产品追溯系统，全市放心肉鸡基地、放心猪肉基地和所有生猪、肉鸡屠宰企业实现产品可追溯，消费者可通过扫描二维码查询追溯信息。"放心鸡肉"可追溯平台包含企业信息管理、肉鸡生产、养殖环境监控、屠宰、加工、追溯、第三方认证管理、检验检疫、政府管理9个子系统和一个用于各个子系统用户登录、消费者查询及第三方平台信息发布的网站系统。重点围绕肉鸡养殖、屠宰加工、市场三个关键环节构建，实现肉鸡从种鸡、雏鸡、孵化、肉仔鸡生产、屠宰、加工、储运到销售的整个生产工艺流程的智慧监管，具有安全性高、扩展性强、操作简便等优点。2017年启动"放心猪肉"工程建设，开发"放心猪肉质量安全全程监管可追溯系统"和"生猪定点屠宰企业视频监控系统"，实现生猪从饲养到屠宰全程信息化监管，饲养场、基层畜产品质量安全检测点、公路动物防疫监督检查站、生猪定点屠宰企业监管信息互联互通，实现养殖环节质量安全监管百分百覆盖、全市定点屠宰生猪百分百全程监控，确保天津本地产猪肉产品质量安全。

（4）四川省

四川省于2017年被列为全国首批进行追溯平台试运行的三个省份之一。为深入推进四川省农产品质量安全监管体系建设，实现动物及动物产品的科学化、规范化和可追溯性监管，四川省农业农村厅全面启动了动物标识及产品追溯体系信息化建设工作。以农业农村部动物标识及疫病可追溯体系为基础，给每头牲畜佩戴全国统一编码信息的标识（耳标），建立"四川省动物及动物卫生监督管理平台"。平台涵盖电子出证监督管理、防疫档案管理等17个动物卫生监管模块（子系统），突出行为管控、数据汇总与分析功能，实现了与农业农村部中央数据库的有效对接，为全省畜产品质量安全提供重要保障。

成都市将畜牧兽医与信息化深度融合，基于"全域物联+责任网络+全程监管"的监管模式，搭建"成都智慧动监畜产品质量安全监管系统"，在生猪（牛羊）产业上率先实现了生产数据与监管平台实时对接、视频监控、智慧管理，有力地促进了畜产品来源可溯、质量可控、去向可查、责任可纠。系统由"一个中心、两个平台、五大体系"构成。

1）一个中心。"成都智慧动监"指挥中心，位于成都市动物卫生监督所，集宣传展示、实时监控、风险预警、应急指挥于一体，满足全市动物防疫工作的政务综合管理、日常监控、应急处置和决策指挥需要。

2）两个平台：①综合业务信息平台。秉持以监管为主体、对内管理和对外服务为两翼的"一体两翼"设计思路和"五横两纵"系统框架，构建了包含养殖信息、动物检疫、屠宰管理、应急处置、无害化处理、物资管理等9大模块27个子系统的综合业务信息平台，为实现全程全域监管提供平台支撑。②政务云平台。综合业务信息平台和门禁、动监天网、车载监控等系统后台所依赖的服务器、存储系统均部署在成都云计算中心的政务云平台，并由该平台提供系统运行所需的硬件设备、软件支撑和基础地图，共享资源，保障信息安全。

3）五大体系：①动物标识物联网体系。对全市生猪（牛羊）使用二维码与芯片相结合的电子耳标，有效解决肉品溯源"最初一公里"问题，实现生产数据与信息平台实时对接，为质量可溯奠定了坚实基础。②屠宰场实时监管体系，包括动监天网和门禁系统。在屠宰场关键点位安装高清视频监控设备，建设具有实时查看、录像回放、移动监控、视频跟踪和智能报警功能的动监天网系统。门禁系统是在定点屠宰场建设大小门禁，实现车辆管控、信息记录、图片抓拍、数据管理和异常情况智能报警等功能。③无害化处理监控体系。在无害化处理公司安装动监天网，收集运输车辆上安装在线视频北斗/GPS双模定位管理系统，实现车辆定位、实时监控、轨迹回放和指挥调度等功能，实时监控病死动物收集、运输和处置过程，确保彻底无害化处置，最大限度保障病死动物不流入市场。④动物卫生网格化监管体系。在全市划分监管网格，为负责该网格的动物卫生监管人员配备移动终端，实现实时记录、上传监督检查等信息，实现网格监管信息可视共享、工作任务线上衔接、处置情况实时可查，变被动接受检查任务到系统智能提醒及时出击，定量全方位、无死角地主动监管畜产品质量安全。⑤产品质量追溯体系。使用智能检测仪和专用二维码检测卡，通过畜产品质量安全检测系统，动态掌握畜产品质量安全状况。在屠宰环节，通过肉品溯源一体机将相关信息录入溯源芯片，捆绑在检疫检验合格的畜产品上，全市肉品均凭"两章两证一芯片"出厂，打通了生产与流通环节的追溯链条。

（5）山东省

作为全国畜牧大省，山东省畜牧业发展历史悠久，规模庞大。为提升畜产品质量安全水平，山东省出台了《山东省动物和动物产品追溯制度》《山东省畜禽养殖管理办法》和《山东省畜禽屠宰管理办法》等规范性文件，将猪牛羊禽等畜种纳入规范管理的范围，加强畜牧业追溯体系建设。

在畜牧业追溯体系建设中，积极推广电子耳标、二维码等追溯技术应用，实现了对畜禽产品从生产到消费的全程追溯。2017年启动建设山东省畜牧兽医综合监管服务平台，整合了各市县追溯系统及畜牧水产追溯系统，形成了覆盖全省的畜产品质量安全追溯网络，采用省级统一建设、省市县三级分级使用的模式，囊括大数据中心、监管追溯、调度指挥、综合服务等"一大中心、三大系统"，具备数据采集、监督检查、统计分析、信息服务等功能，构建了全省畜牧业大数据中心。2018年上线"山东省畜产品安全综合监管追溯系统"，构建了省、市、县"三级联动"的监管体系，建立了经营主体线上登记制，实现"一企一码"，为监督检查、免疫服务、系统间数据互联互通等建立统一身份识别；建立了畜产品全链条追溯体系，涵盖养殖、检测、检疫、运输、屠宰、销售等各个环节，构建以肉品品质检验合格证电子出证管理为核心的肉类产品质量安全监管新模式。作为我国首个"出口食品农产品质量安全示范省"，山东省追溯体系建设成果显著，实现了肉类流通追溯体系试点建设的全覆盖，商品覆盖面全国第一，畜禽屠宰行业追溯体系建设达到了国际标准，21家企业具有欧盟出口资质。

（6）青海省

作为世界四大无公害超净区、全国五大牧区之一，青海是全国最大的有机畜产品生产基地，有"世界牦牛之都、中国藏羊之府"的美称。为打造青海绿色有机农畜产品输出地，2023年1月青海省人民政府发布《打造青海绿色有机农畜产品输出地专项规划（2022—2025年)》，提出完善农畜产品质量安全追溯体系，建成省级农畜产品质量安全追溯平台，实施牦牛、藏羊、青稞等重要农产品原产地可追溯工程，形成全国最大的有机畜产品质量可追溯体系。

青海省牦牛藏羊原产地可追溯工程是借助大数据、云计算、物联网等现代信息技术，按照"出生佩戴、全程管控"，统一追溯模式、统一追溯标识、统一业务流程、统一编码规则、统一信息采集的要求，对出生30～90日龄的牦牛藏羊佩戴追溯标识和信息录入，可实现牦牛藏羊的信息可查询、源头可追溯。为推进农畜产品质量安全智慧监管，推动建立互联共享、上下贯通的数据链条，青海省建立起覆盖全过程的农畜产品质量安全追溯和质量标识体系。省级农畜产品质量安全追溯管理平台包含畜牧溯源、种植溯源、渔业溯源和流通溯源四大模块。畜牧溯源主要对动物的养殖过程进行监管，包括养殖户、合作社和动物个体档案等信息监管、投入品出入库使用和动物防疫信息管理、繁育出栏登记和电子出证等信息管理；屠宰环节采用全自动化信息采集进行屠宰各步骤信息详细记录，包括屠宰进场、上钩、四分体、胴体、排酸、分割、产品包装和二次包装等信息。流通溯源是对农畜产品进入流通市场后的过程进行详细追溯记录，畜产品流通溯源是通过IC卡和溯源秤自动记录产品在屠宰环节、批发环节、农贸环节、超市环节等的进出流通记录，形成产品追溯的流通环节数据。同时，构建了青海有机畜牧业追溯系统数据库，优化构建了异地可视化的有机畜产品屠宰加工追溯系统平台，铺设屠宰加工厂全域覆盖无线网络，建立了天然草地环境监测试点与监控系统和冷链物流追溯体系，研发牦牛肉快速解冻技术，系统集成了可视化追溯、草地监测、屠宰加工环节无线覆盖、冷链追溯等技术和高端有机畜产品生产标准。

（7）内蒙古自治区

内蒙古自治区是畜牧业大省，在构建高质量重要畜产品供给保障体系建设上表现出色。为加强农畜产品质量安全监督管理，建立农畜产品质量安全追溯体系，实现农畜产品生产（初加工）、收购、储存、运输环节的全程可追溯，形成覆盖全过程的农畜产品安全追溯和质量标识体系，发布《内蒙古自治区农畜产品质量安全追溯管理办法》，建立了农畜产品质量安全监管追溯信息平台。

内蒙古农畜产品质量安全监管追溯信息平台是省、地、县三级监管追溯信息平台，涵盖了以农畜水产品质量追溯为目标的生产档案记录、农资监管、监督执法、OA办公和质量检验监测五大系统，具备农畜水产品的生产档案记录、质量追溯、空间信息技术精准展现、产品产地生产信息、检测数据实时上传、质量安全预警风险评估、统计数据多维分析等综合功能和性能特征。平台投入使用为内蒙古自治区加强农畜产品质量安全监管、打造绿色农畜产品生产加工输出基地提供有力保障，为生产企业提供质量安全可追溯的产品身份证平台，为消费者提供产品质量安全的相关信息，为监管部门提供实时的监管数据和决策分析、质量风险预警、监管执法提供可靠的依据。

1.3.2.2 其他省份

各省（自治区、直辖市）在畜产品质量安全智慧监管方面都不同程度的开展了相关工作，建立了省、市、县（区）、企业层面的农畜产品质量安全智慧监管平台和（或）农畜产品质量安全追溯平台，逐步实现与国家平台的对接（表1-1）。

表1-1　其他省份农产品质量安全智慧监管概要表

地区	平台名称	平台特色
河北	农产品质量安全监管追溯平台	平台包含农产品质量追溯、投入品监管、检验检测、"二品一标"、执法记录、应急管理、信息发布、体系管理、监管"双随机"8系统，监管对象涵盖种植、畜牧和水产，具备监督管理、生产管理、网上审批、农业执法、综合服务、办公应用等功能。
山西	"智慧动监"信息平台	通过"互联网+"实现行业的转型升级，建立了体现健康养殖的智能监控、数据实时可查、畜产品质量安全全程可追溯、畜牧业生产指导、疫情科学管理和工作方式根本转变六大成效的"智慧动监"系统。以动物耳标和电子出证为抓手，实现了动物及动物产品质量安全全程可追溯。
辽宁	动物卫生监管信息追溯平台	平台以覆盖省、市、县、乡三层四级全程信息追溯监管平台为依托，实现监管工作数据化和务求监管实效为核心，集业务管理、远程视频监控、GPS定位、移动智能终端4大系统于一体，实现了免疫、检疫、监测、预警、运输、屠宰"一网统管"，建立全链条业务数据闭环管理模式，实现动物疫病防控全链条可追溯管理。

地区	平台名称	平台特色
吉林	畜产品质量安全追溯监管系统	整合了"动监e通"、畜禽运输车辆备案管理、畜禽免疫"先打后补"等多个畜牧行业监管系统，形成了全流程追溯监管能力。平台已应用到猪牛羊禽等多个畜种，贯穿养殖、免疫、屠宰、加工、流通等关键环节。"拱e拱"生猪追溯系统、"鼎e鼎"牛羊追溯系统，具备入场登记、屠宰排queue、检验检疫、入库出库和台账记录等电子信息化管理功能，提高了生产管理效率和统计分析能力。
黑龙江	"智慧龙牧"平台	以绿色食品、畜禽产品、粮食（原粮）等为重点，开展农产品质量安全追溯管理，建设覆盖全省、先进适用的重要产品追溯体系。"智慧龙牧"平台通过数据对接，实现家畜耳标管理、产地检疫、屠宰检疫、流通调运、无害化处理等相关业务数据共享联动，实现了畜产品质量安全的全程追溯管理。
江苏	智慧动监"一体两翼"三大系统	"一体"即动物卫生监督管理应用系统，"两翼"即远程视频监控系统和"苏动e通"APP系统。动物卫生监督管理应用、远程视频监控和"苏动e通"APP三大系统，形成覆盖畜禽生产、动物防疫、流通经营、屠宰加工、畜禽产品质量安全等全过程的可追溯体系。
浙江	智慧畜牧业云平台	平台由养殖生产管理、动物防疫管理、动物检疫、无害化管理、屠宰管理和流通监管"六大基本管理系统"组成，覆盖省、市、县、镇、监管对象五级功能单位的全链条业务管理，实现行政区域内的畜牧兽医生产管理体系、政府监管服务体系及畜产品安全信息查询服务体系建设。
安徽	农产品质量安全追溯管理信息平台	平台旨在通过信息化手段跟踪记录生产经营主体、生产过程和农产品流向等信息，满足监管和公众查询需求。用于蔬菜、畜禽、水产等农产品的质量安全追溯，涵盖从种养环节到进入批发零售市场或生产加工单位前的全过程，实现基于大数据的农产品质量安全决策支持和分析服务。
福建	食用农产品承诺达标合格证与一品一码追溯并行系统	结合食用农产品承诺达标合格证制度和一品一码追溯技术，构建数据驱动、多方协同的食品安全治理模式，基于农产品"一品一码"全过程追溯体系，实现畜禽养殖、屠宰、初加工到经营全过程的追溯和监管，促进畜禽等食用农产品源头可溯、去向可追、风险可控、公众参与。
江西	农产品质量安全监管追溯平台	平台遵循"统一应用系统、统一建设标准、统一追溯信息"的建设思路，包含溯源码编码规则、生产档案备案、业务报表统计、综合信息发布、农产品质量安全追溯及监管子系统手机APP，实现生猪、家禽、蔬果等从种养、原料供应、生产加工、储存保管、物流运输到销售的全过程智慧监管。在养殖、防疫和检疫环节全面实现标识签收、发放、佩戴及查验等信息网络化管理，加强养殖档案和屠宰管理信息化建设，建立了动物标识及疫病可追溯体系。
河南	食品（农产品）安全追溯平台	平台包含生产加工交易及追溯、食品流通交易及追溯、餐饮食堂交易及追溯、商超生鲜交易及追溯、政府监管和公共查询6个子系统。采用一物一码防伪标签，对农产品从生产、加工、流通到消费各个环节的全过程信息进行可追溯管理，打击假冒伪劣产品、防止分销商窜货，实现货源全程追溯、数字营销、大数据分析和供应链管理。

地区	平台名称	平台特色
湖北	"湖北智慧畜牧兽医＋牧运通"系统	系统是省级统一建设、全省应用、层级管理，包含动物检疫、监督管理、运输监管、屠宰管理、兽医兽药、疫病防控和无害化处理模块。系统贯穿养殖、运输和屠宰环节，屠宰产品检疫数据与市场流通环节无缝衔接。通过运输环节的监管联通养殖、加工、销售等环节，向前可追溯投入品、养殖过程、检疫出证，向后衔接屠宰场落地监管、屠宰管理、市场流通等环节，实现从养殖到餐桌的全程追溯。
湖南	农产品"身份证"管理平台	平台集农产品质量管理、产品追溯、形象展示、网上交易等功能于一体，建立了生产企业数据库和农产品数据库，可进行农畜产品生产养殖企业基本信息、全程质量控制流程、质量检测报告等信息的采集、存储、管理和展示，并与境内外电商平台、全省信息进村入户平台及相关行业管理平台交互共享，实现了蔬菜、粮食、畜禽等农产品在生产环节的智慧监管，旨在提升产品质量安全水平。
广东	动物溯源系统	系统通过畜禽养殖、屠宰、销售等环节的全程电子化信息管理，实现动物及其产品信息的"一网通办、一网查询、一网追溯"。同时，与省重要产品追溯综合管理平台逐步对接，建立了猪肉"一品一链"溯源模式，完善了生猪和生猪产品质量安全全链条追溯体系，确保来源可查、去向可追、责任可究。
广西	畜牧兽医智慧监管服务平台	平台以电子耳标为核心信息载体，通过生猪养殖过程信息化、检疫记录自动化、流通过程实时化、屠宰过程智能化、消费体验知情化，贯穿生猪养殖、检疫流通、屠宰消费等环节，实现生猪生命周期全程可追溯。平台同时打通多个畜牧信息系统孤岛，实现"生猪产销透明化，监管追溯零距离"。
海南	肉类蔬菜流通追溯平台	平台借助云计算、物联网等信息化手段，关联肉类蔬菜生产、加工、物流等环节信息，形成信息流、物流、商流和票据流、责任流合一的肉类蔬菜追溯链条，实现肉类蔬菜流通过程的信息化追踪溯源。
重庆	农产品质量安全追溯管理平台	平台包含"一库五平台六大应用系统"，即重庆农产品质量安全追溯大数据资源库，政府监管、企业管理、追溯查询、数据共享和"三品一标"监管5平台，蔬菜种植、水果种植、茶叶种植、生猪养殖、家禽养殖以及水产品养殖行业的质量安全企业管理6系统，实现了农畜产品的智慧监管和追溯。
贵州	农产品质量安全追溯平台	平台与国家农产品质量安全追溯平台深度对接，国家平台外部追溯管产品流向，省平台内部追溯管生产过程。对农产品生产主体所在乡镇和所属行业进行细分，利用国家平台的"基地巡查"功能进行全程信息化记录，较国家平台增加"生产记录""农产品质量管理"等内容，推进种植业、畜牧业、渔业三类主体的生产记录电子化。

地区	平台名称	平台特色
云南	畜产品"放心肉"平台	通过建立在规模养殖场、屠宰场和交易市场的远程视频监控系统，对生猪养殖、出栏、屠宰、检疫检验、出证等关键环节进行视频监控。基于产品追溯码，实时记录畜禽养殖到产品销售过程的各环节信息，实现肉品从生产、屠宰到销售等环节全程实时监管和全方位快速追踪。系统与云南动物卫生监督信息化管理平台紧密衔接，信息互通互用，实现了畜产品从生产流通到餐桌的全程追溯。
西藏	岗巴羊产业全程质量安全监管追溯平台	平台包含岗巴羊档案管理、养殖管理、保孕保育管理、防疫检疫管理、屠宰加工管理、政府监管、RFID 电子耳标 7 个系统和产业全程追溯管理平台。基于每只岗巴羊佩戴的具有唯一身份追溯码的耳标，搭建岗巴羊全产业链追溯体系，实现对岗巴羊从养殖、免疫、屠宰、加工到包装等各个环节的监控和管理。
陕西	农产品质量安全监管平台	平台集监管、追溯、检测、执法、认证、诚信评价、风险预警、舆情监控、查询投诉等功能为一体，省、市、县三级平台无缝对接，数据共享、互联互通。完善了畜产品质量安全追溯体系和饲料、兽药等投入品管理体系，实现了对畜产品质量安全的全面监管，确保从生产到销售各环节的信息透明和可追溯性。
甘肃	甘南州牦牛高质量发展智慧畜牧大数据管理平台	平台以保险耳标为主线，从智慧养殖全生命周期管理的角度，打造从养殖到屠宰、加工、仓储、物流、销售等一体化溯源追踪体系，包含养殖管理、防疫管理、动物检疫、屠宰管理、溯源管理、活体袋管理、驾驶舱管理、大数据可视化等模块，实现全流程数字化的智慧畜牧解决方案，打造从草场到车间到餐桌的"甘南产品"追溯公共品牌。
宁夏	生鲜乳质量追溯平台	平台综合信息数据库、可视化追溯轨迹图、数据统计分析等信息化手段，建立生鲜乳监管、收购、运输、散户、乳企全链条数据信息库，包含生鲜乳流向轨迹可视化、运输车实时定位、生鲜乳电子交接单、问题奶处置监测、质量等级评价、安全风险信息推送等功能，实现了全区奶牛养殖场、运输车和乳品加工企业的全覆盖及全程可追溯，是全国第一个投运的生鲜乳质量追溯智慧化平台。
新疆	畜牧兽医大数据平台	平台汇集了畜禽养殖、运输、屠宰等环节信息，构建畜产品全链条大数据库，实现了信息即时汇总、数据动态分析和自动抓取、流通实时跟踪。通过可视化实时存栏动态图、屠宰运行图和动物流向图，实现了全疆各地各种畜禽的实时监控和从养殖到餐桌的畜产品全流程追溯。

1.3.3　企业层面农产品质量安全智慧监管建设现状

目前，诸多的食品企业和第三方追溯平台选择成为食品安全追溯试点的一员，企业多采用纸质条码和二维码标识技术，以"一企一号，一物一码"的产品数字化技术为核心，结合物联网及云计算技术，辅助政府和食品监管部门建立针对各企业的内外部追溯监管平台，帮助政府有效监管所属企业产品在全生命周期的详细信息，方便进行质量管控、产品召回、过程追溯、责任核定等监管需求，同时可为食品企业提供原料追溯、产品防伪、物流监管、经销商管理等企业产品信息化建设服务。例如，奶粉行业的飞鹤乳业婴儿配方奶粉全产业链追溯系统、合生元产品追溯系统、多美滋透明追溯系统等企业平台，农产品质量安全社会化追溯平台、食品追溯平台、乳品质量安全追溯平台等第三方追溯平台。以下以京东区块链防伪追溯平台、阿里健康码上放心追溯系统、伊利金典有机奶全程可追溯系统和溯源云为例，对相关平台做简要介绍。

1.3.3.1　京东区块链防伪追溯平台

2017 年 6 月，京东集团成立"京东品质溯源防伪联盟"，同时牵手众多生鲜电商领域和快消品领域的品牌经营企业，通过区块链技术搭建，在联盟链生态系统中创建"京东区块链防伪追溯平台"，用户在京东购买商品后，一键扫描产品上的"追溯码"，可以迅速查询到产品的供应链流程。例如，市场热销的科尔沁牛肉，通过京东提供的唯一"追溯码"，用户可以直观地看到牛肉的饲养地、饲料成分、屠宰日期和加工运输企业信息等。

通过区块链技术，京东实现了商品原材料过程、生产过程、流通过程的信息全程溯源，消费者通过扫码就能了解每个环节的关键信息。每一个环节都有多个主体进行监督记录，每一个产品都拥有唯一的区块链"身份证"，且每条信息都附有各主体的数字签名和时间戳，供消费者查询和校验。一旦发现产品有问题，用户可以通过全链条的溯源，准确找到责任主体。

1.3.3.2　阿里健康码上放心追溯系统

1）系统功能：①面向企业，提供产品全生命周期追溯服务，通过追溯码触达消费者，建立会员体系，提供丰富的互动营销和品牌推广服务，帮助企业强化产品品牌，扩展渠道，促进销售；②面向各级政府，提供制定产品溯源体系规划的专业咨询、协助制定产品追溯标准和规范、共建产品溯源示范区并总结经验复制推广，帮助政府创新监管服务机制，不断提高科学监管服务水平与监管服务效能，提升产品质量安全与公共安全管理水平；③面向消费者，提供产品信息溯源、教育、导购等服务，让消费更放心更便捷。

2）包含模块：企业信息管理子系统，生产管理子系统、养殖环境监控子系统、屠宰子系统、加工子系统、追溯信息子系统、第三方认证管理子系统、检验检疫子系统、政府管理子系统和一个用于各个子系统用户登录的统一身份认证系统。

3）优点（特点）：平台完全兼容"中国产品质量电子监管网"和"中国药品电子监管网"的追溯标准，支持企业两网历史数据的无缝迁移，依托阿里云强大计算和数据处理能力，能够处理千亿级码量大数据，并可支持十万级企业用户，具有良好的兼容性、开放性、安全性，以低廉的价格提供高品质的专业服务。消费者通过系统"疫苗输码查询"功能，可对照病历本信息，通过疫苗名称、批号、生产企业查询到生产厂家和有效期等可追溯详细信息。查询历史接种疫苗是否有问题。

1.3.3.3 伊利金典有机奶全程可追溯系统

1）监测环节：有机牧场、原奶检验、无菌生产、成品检验、认证查询五大环节。

2）系统功能：奶源来自于哪个牧场，何时生产，具体在哪些市场销售，让消费者见证了金典有机奶在生产过程中零污染、零添加，实现全程有机。

3）追溯信息：可从中国有机产品认证公共服务专栏获取信息，包括认证证书编号、产品名称、产品包装规格、认证机构名称、获证生产企业名称、认证类型、商品名称、认证标志使用方式。

1.3.3.4 溯源云

系统功能：协助完善产品追溯体系建设"顶层设计"，建立产品追溯标准体系、信息安全体系、运营管理体系、绩效评估体系、组织保障体系，逐项推进分步实施，打造追溯示范区并快速复制和推广。

溯源云平台在满足国家食品药品监督管理总局《关于食品生产经营企业建立食品安全追溯体系的若干规定》的基础上，结合食品生产、流通、餐饮企业不同的管理需求，通过预置的多个标准应用单元，满足各类食品生产经营企业特别是为中小型食品生产经营企业个性化、可配置的追溯管理云服务，实现对企业主体信息和产品原辅料、生产经营过程、检测、存储和销售等全链条追溯信息的管理。为企业和消费者之间建立直通渠道，通过收集不同消费者需求，分析商机，辅助决策。

溯源云平台为政府监管部门提供企业追溯监管云服务，具体包括备案管理、运行监控、追溯查询、问题发现、风险预警、统计分析等服务。帮助各级政府监管部门有效引导食品生产经营企业追溯体系的建设，促使企业规范性经营。溯源云平台在落实主体责任的同时，为政府部门提供全环节的追溯业务监管和定制化的大数据分析与服务。在出现食品安全事件时，通过数据分析和过程回溯可及时要求问题食品的生产经营企业进行退市下架、产品召回等处理，提升产品质量安全管理水平。

溯源云平台通过整合政府部门、行业协会和企业建设的各类追溯平台信息，通过网站、APP、微信等多种服务渠道为消费者提供统一的追溯信息服务，帮助消费者查验真伪，追根溯源，有效保障消费者权益。

1.3.4　智慧监管现状综合分析

我国已在农产品质量安全监管信息化方面开展了大量工作。2004 年开始，农业农村部、国家药品监督管理局、商务部、国家市场监督管理总局等以政府主导、企业积极参与的形式，结合物联网、RFID、条码、二维码、HACCP 和农产品质量速测等技术，相继开展了蔬菜、肉蛋及水产品等不同领域的重要农产品产销全过程关键环节信息化监管和追溯工作试点。

我国畜禽产品具有养殖范围和地域广、养殖品种和数量多、运输范围大与距离远、利润低等特点，畜禽产品智慧监管技术的选择需结合技术的优势、性价比，以及地区、行业、企业的实际情况。畜禽产品智慧监管主要涉及养殖企业根据 HACCP 等原理构建的关键点信息记录技术和产品供应链各生产经营主体相关信息的关联与追溯。

（1）个体标识

产品个体标识在整个供应链中具有唯一性。针对产品监管需求，对猪、牛和羊等大型牲畜或监管要求较高的畜禽采用个体唯一编码标识，而对于规模化养殖的畜禽（每个养殖舍中的环境相同，个体差异较小，且个体多、体型小、不易标记，如肉鸡），将每个养殖舍或群体作为一个标识单元。

（2）养殖环节

畜禽养殖环节的智慧监管主要包括养殖信息采集、养殖环境自动控制和信息自动记录。

1）养殖信息采集，主要实现畜禽生长过程中的生产信息的管理，主要包括：养殖场或养殖户基本信息、畜禽个体标识信息、免疫信息、主要投入品如饲料及兽药的使用信息，以及由执法机构实施监督与检测的数据信息。针对我国规模化养殖场及散养户建立养殖电子档案存在的不灵活性及效率较低等技术问题,可利用智能手机、PAD 等为平台开发适用于畜禽养殖档案建立与采集的移动系统,作为对规模化养猪场通过桌面系统建立养殖档案的补足与完善。

2)养殖环境智能控制,主要实现对影响畜禽生长的温度、湿度等环境因子进行控制和对有害气体进行净化。

(3)屠宰环节

屠宰环节主要实现畜禽个体标识与胴体之间信息的转换。胴体号是屠宰环节的核心和基础,每个胴体号都对应唯一的屠宰事件记录。胴体号编码规则可由 13 位数字组成,其中第 1 位为屠宰厂代码,第 2 到第 9 位为屠宰日期(如"20070930"),第 10 到第 13 位为当天屠宰胴体的顺序号,最大顺序号为 9999。

针对我国畜禽屠宰加工具有流水作业、环境恶劣和信息自动采集难度大等问题,设计适合畜禽胴体的 RFID 标签,开发电子标签在线读写系统,实现畜禽屠宰流水线上胴体的 RFID 标识和远距离自动识读。通过畜禽个体标识信息采集、RFID 胴体标签信息与屠宰厂 Intranet 溯源数据记录系统自动关联,实现畜禽屠宰过程中溯源关键点的畜禽屠宰标识信息的可靠采集、传输与处理等。

(4)销售环节

销售环节主要监控畜禽在流通和销售过程的关键信息,主要涉及进入超市的胴体 RFID 标签与终端零售产品分割标签的标识转换与打印的衔接、销售信息、运输和销售的存储信息以及销售人员的健康状况信息等。

畜禽产品经检疫进入超市或者零售店后,需要进行最后的分割、包装与可追溯标识。将胴体标识号转换为分割块上的可追溯号码分以下两种情况:①胴体标签为特殊纸质的条码标签,只要将条码扫描枪通过 PS/2 接口与专用条码打印机连接,读出的胴体号直接显示在专用条码打印机的显示屏上,通过在打印机内存预先定制的模块(最多 28 个),即可以打印畜禽不同部位分割产品的溯源码。②胴体标签为超高频 RFID 标签,经平面式超高频 RFID 阅读器识读,识读的标签数据经 RS232 接口转 PS2 数据线,输出到分割标签打印机。在标签打印机的内存区,嵌入标签打印模块和为不同部位畜禽产品设计的快捷打印模块。

(5)监管环节

监管部门开发畜产品质量安全监管与可追溯系统软件,实时动态查询畜禽产品全程各环节信息(包括养殖环节、加工环节、销售环节,涉及产品属性、加工属性、环境状况等信息),全程监管畜产品安全生产的信息链、物流链和控制链,实现畜产品自上而下的跟踪和自下向上的追溯。

公众查询主要通过网络查询、超市现场查询、手机或 PDA 查询（WAP 查询），以及短信查询等。网络查询主要是通过畜禽及产品质量安全溯源公共平台查询，超市现场查询是通过放置在超市的现场查询机查询，手机或 PDA 查询是通过手机或者 PDA 的无线上网查询，短信查询是通过手机发送 20 位可追溯号（胴体号）到短信查询平台进行查询。

2 畜禽养殖信息监管系统

养殖环节是畜禽产品质量安全的源头。畜禽养殖信息监管系统包含养殖场信息管理、养殖投入品信息管理、养殖档案信息化管理、养殖环境智能监控、种畜禽管理和无害化处理 6 个子系统。

2.1 养殖场信息管理系统

养殖场备案是获得畜禽养殖场兴办资质的必要前提。根据《中华人民共和国畜牧法》第 39 条，畜禽养殖场兴办者应将畜禽养殖场的名称、养殖地址、畜禽品种和养殖规模，向养殖场所在地县级人民政府农业农村主管部门备案；养殖场应建有与其饲养规模相适应的生产场所和配套的生产设施、与畜禽粪污无害化处理和资源化利用相适应的设施设备，配备为其服务的畜牧兽医技术人员，且具备法律、行政法规和国务院农业农村主管部门规定的防疫条件和其他条件。

养殖场兴办资质需要接受畜牧、卫生等部门的定期检查。纸质记录保存时限短、查询统计不方便，因此，建立养殖场信息管理系统，采用信息化的手段，数字化记录养殖场备案、设备、人事、圈舍、销售和人员来访等信息，可有效提高养殖场信息查询效率。养殖场信息管理采用密码登录的形式进行角色控制（图 2-1），

图 2-1 养殖场信息管理系统登录页界面

保障不同权限用户的数据管理的安全、准确、高效，系统包含基础信息、设施设备信息、人事信息、圈舍信息、销售信息、人员来访信息和标准法规管理7个功能模块（图2-2）。

图2-2 养殖场信息管理系统导航页界面

2.1.1 基础信息管理

畜禽养殖场兴办必须取得环评合格证、动物防疫条件合格证和营业执照。基础信息管理模块主要实现养殖场的基本信息、场地证明、环评、动物防疫条件等信息的填报、修改和查询管理。

（1）企业基本信息管理

企业基本信息管理用于企业名称、畜禽养殖代码、统一社会信用代码、企业类型、所属地区、注册地址（经纬度坐标）、法定代表人、联系电话、邮箱、成员出资总额、营业期限、官网、成立日期、登记机关、登记日期、业务范围等企业基本信息，以及营业执照扫描图、场区地理位置图、各功能区平面图、设施设备清单、人员清单和规章制度清单等材料信息的管理（图2-3）。

（2）动物防疫信息管理

动物防疫信息管理用于企业动物防疫基本信息、附件材料和动物防疫条件合格证扫描图片的管理（图2-4）。

图 2-3 企业基本信息管理界面

图 2-4 动物防疫条件合格证界面

2.1.2 设施设备信息管理

设施设备清单是养殖场备案的必备材料。设施设备信息管理模块主要实现企业设施、设备的数字化管理。

（1）设施信息管理

设施信息管理用于养殖场设施的名称、面积和规格等信息的添加、修改、删除和多条件查询管理（图 2-5）。

图 2-5　养殖场设施管理界面

（2）设备信息管理

设备信息管理用于养殖场设备的名称、规格和数量等信息的添加、修改、删除和多条件查询管理（图2-6）。

图 2-6　养殖场设备管理界面

2.1.3　人事信息管理

规模养殖企业大多制定了规范的人员管理制度。人事信息的数字化管理，为规范企业日常管理，确保饲养过程安全、规范、科学提供技术支撑。人事信息管理模块主要实现企业员工的姓名、职务、年龄、学历、工种和健康状况等信息的管理，包括增加、修改、删除和多条件综合查询，如图2-7所示。

人事信息管理模块页面左侧导航栏以树状结构展示企业组织架构，单击可选定人员信息查询的范围；右侧查询条件设定区域进行综合查询条件设定，查询结果区域以表格形式分多页显示查询结果。单击"导出"或"打印"按钮可进行查询结果的导出或打印；单击"添加"按钮可实现人员信息的添加。查询结果表格中选择任意行，单击"修改"按钮跳转到选定人员的基本信息管理界面的修改状态，可进行选定人员信息的修改；单击"删除"按钮，可实现选定人员信息的删除。

图 2-7　人事信息管理界面

(1) 人事档案管理

人事档案管理用于企业员工人事档案信息的管理，实现员工人事档案信息的查询和修改，包括员工编号、姓名、职务、职称、所在岗位、学历、从业状况和相关证书的扫描件等人事档案信息（图 2-8）。

图 2-8　人事档案管理界面

（2）健康档案管理

健康档案管理用于企业员工健康档案信息的管理，实现员工健康档案信息的添加、修改和删除管理，包括员工定期健康检查的检查日期、检查单位、检查项目、检查结果、采取措施和健康证的扫描件等健康档案信息（图2-9）。

图2-9　健康档案管理界面

（3）培训档案管理

培训档案管理用于企业员工培训档案信息的管理，实现员工培训档案信息的添加、修改和删除管理，包括员工定期职业培训和健康教育的培训名称、培训时间、培训内容、形式、课时、成绩和证明材料等培训档案信息（图2-10）。

图2-10　培训档案管理界面

2.1.4 圈舍信息管理

圈舍为畜禽健康生长提供良好的环境条件，保护畜禽不受恶劣天气影响、防止疾病传播、促进畜禽生长发育和繁殖。在养殖圈舍划分时，为确保养殖场生产活动有序进行、保障人畜健康，通常将场区划分为生产区、生活区、办公区和粪污处理区等多个关键功能区，同时，根据畜禽不同生长发育阶段的生理和行为需求，将生产区养殖圈舍划分为仔畜舍、保育舍、育成舍、种畜舍、配种舍、妊娠舍、分娩舍、隔离舍和过渡舍等类型。圈舍信息管理模块主要实现养殖圈舍的编号、名称、类别、养殖对象、饲养管理等信息的管理，包括增加、修改、删除和多条件综合查询，如图 2-11 所示。

圈舍信息管理模块页面左侧"养殖场平面图"展示养殖圈舍布局，单击任意养殖圈舍的图标，跳转至"单个圈舍信息管理"页面；右侧查询条件设定区域进行综合查询条件设定，查询结果区域以表格形式分多页显示圈舍信息的查询结果，默认展示企业所有圈舍信息记录。单击"导出"或"打印"按钮可进行查询结果的导出或打印；单击"添加"按钮可实现圈舍信息的添加；查询结果表格中选择任意行，单击"修改"按钮跳转至选定圈舍的"单个圈舍信息管理"页面的信息修改状态，可进行选定圈舍信息的修改；单击"删除"按钮，可实现选定圈舍信息的删除。

图 2-11　圈舍信息综合管理界面

"单个圈舍信息管理"页面实时动态展示指定圈舍的基本、舍存、饲喂、消毒和舍内视频监控等信息（图 2-12）。页面左侧导航栏以树状结构展示养殖圈舍的组织结构，单击选定后，页面右侧展示该圈舍的详细信息，默认选定"圈舍信息管理"页面表格中选择的圈舍记录。页面中部为视频展示区域，实时展示圈舍内视频信息，单击视频下面的按钮，可进行视频监控的动态切换。页面右侧分别展示圈舍编号、名称、类别和责任人等基本信息，养殖品种、数量、年龄和平均体重等舍存信息，饲料种类、饲喂量、投料时间等饲喂信息，以及消毒方法、操作人员和消毒时间等圈舍消毒信息。

图 2-12　单个圈舍信息管理界面

2.1.5　销售信息管理

畜禽销售记录为企业销售管理提供关键信息。通过销售时间、地点、数量、价格和购买者等信息，可以跟踪销售趋势，建立客户档案，识别主要销售区，分析销售业绩，以便针对性地调整销售策略和管理决策。销售信息管理模块主要实现销售品种、数量、价格、销售时间和地区等信息的管理，包括增加、修改、删除和多条件综合查询，如图 2-13 所示。

销售信息管理模块页面左侧导航栏以树状结构展示畜禽销售地区，单击可选定销售信息查询的范围；右侧查询条件设定区域进行综合查询条件设定，查询结果区域以表格形式分多页显示查询结果。单击"导出"或"打印"按钮可进行查询结果的导出或打印；单击"添加"按钮可实现销售信息的添加；查询结果表格中选择任意行，单击"修改"按钮跳转到选定销售记录的"单一销售记录管理"页面的修改状态，可进行选定销售信息的修改；单击"删除"按钮，可实现选定销售信息的删除。

图 2-13　销售信息管理界面

"单一销售记录管理"页面用于指定的单一销售记录信息的查询和修改，包括销售编号、销售时间、品种、数量、日龄、出厂批次、圈舍号、畜禽编号、单价、总价、销售地区、购买者及其联系方式等销售信息（图 2-14）。

图 2-14　单一销售记录管理界面

2.1.6　人员来访管理

人员来访登记是加强企业安全管理和保障畜禽健康的关键。人员来访管理模块主要实现来访人员身份信息、所在地、身体状况、来访时间等信息的数字化管理，包括增加、修改、删除和多条件综合查询（图 2-15），有助于掌握养殖企业的来访情况和人员流动情况，及时发现异常，排查潜在疫情，加强安全管理、保障畜禽健康。

人员来访管理模块页面左侧导航栏以树状结构展示人员来访区域，单击可选定人员来访信息查询的范围；右侧查询条件设定区域进行综合查询条件设定，查询结果区域以表格形式分多页显示查询结果。单击"导出"或"打印"按钮可进行查询结果的导出或打印；单击"添加"按钮可实现人员来访信息的添加；查询结果表格中选择任意行，单击"修改"按钮跳转到选定来访记录的"人员来访详细信息管理"页面（图 2-16）的修改状态，可进行选定人员来访记录的修改；单击"删除"按钮，可实现选定人员来访记录的删除。

图 2-15　人员来访信息管理界面

图 2-16　人员来访详细信息管理界面

"人员来访详细信息管理"页面用于指定的人员来访记录信息的查询和修改，包括来访编号、来访日期、来访人姓名、联系方式、工作单位、详细地址、人数、来访事由、进场时间、出场时间、到访区域、车牌、所载货物、接待人员和值班人员等来访信息（图2-16）。

2.1.7　标准法规管理

畜禽养殖场作为重要的农业生产单位，需要遵守国家及地方相关的法律法规和规章制度。养殖场管理制度的制定和执行，可有效规范养殖生产操作、加强检疫监管，全面提高畜产品质量和安全水平。标准法规管理模块主要实现安全生产制度、动物防疫制度、环境保护制度、饲料管理制度、设备设施管理制度和人员管理制度的数字化管理，包括管理制度的实时查看、增加、修改和删除管理（图2-17），以确保生产和管理工作的规范化、高效化和安全化。

图 2-17　标准法规管理界面

"标准法规管理"页面主要实现安全生产、动物防疫、环境保护、饲料管理、设备设施管理和人员管理6类规章制度的查看和搜索。单击任意模块右侧的箭头，进入相应类别标准法规的集中管理页面（图2-18）；单击任意标准规范的名称，进入单一标准法规的详细内容浏览页面（图2-19）。在搜索栏中输入关键词，可进行养殖场相关标准法规的模糊搜索；单击"高级搜索"按钮，弹出搜索框，可进行标准法规的多条件综合查询。

"指定类别标准法规集中管理"页面用于同一类别标准法规的查询浏览和新增（图2-18）。左侧导航区展示标准法规的类别，单击选定后，右侧区域同步展示选定类别的所有标准法规的名称，单击标准法规名称，进入单一标准法规的详细内容浏览页面（图2-19）。单击"添加"按钮可实现标准法规的增加。

图 2-18　指定类别标准法规集中管理界面

图 2-19　单一标准法规的详细内容浏览界面

"单一标准法规的详细内容浏览"页面用于选定标准法规的详细内容浏览、打印、导出、修改和删除管理（图2-19）。左侧导航区展示标准法规的名称，单击选定后，右侧区域同步展示选定标准法规的详细内容。单击"导出"或"打印"按钮可进行浏览的标准法规的导出或打印；单击"修改"按钮，进入标准法规详细信息修改页面，可进行标准法规的名称、文号和正文文本等信息的维护；单击"删除"按钮，可实现选定标准法规的删除。

2.2 畜禽养殖投入品信息管理系统

投入品是畜牧业生产过程中不可或缺的一部分，包括兽药、饲料和饲料添加剂等。如何管好用好畜牧业生产投入品，保证畜牧业安全生产，直接影响畜牧业的生产效率和畜产品的质量安全。传统养殖场投入品管理大多采用人工记录和统计，需要耗费大量的人力物力，还可能存在数据缺失或记录错误的情况，很难做到及时准确地查询和分析，难以全面把握投入品使用情况。

建立畜禽养殖投入品信息管理系统，采用信息化的手段，数字化记录和管理养殖场兽药、饲料等投入品的采购、存储和使用信息，可有效提高畜禽养殖投入品管理和查询统计的效率。畜禽养殖投入品信息管理系统采用密码登录的形式进行角色控制（图 2-20），保障不同权限用户的数据管理的安全、准确、高效，系统包含采购信息管理、库存信息管理、仓储环境管理、使用信息管理和信息查询统计 5 个功能模块（图 2-21）。

图 2-20 畜禽养殖投入品信息管理系统登录页界面

图 2-21 畜禽养殖投入品信息管理系统导航页界面

2.2.1 采购信息管理

投入品采购记录的保存和追溯是畜禽养殖投入品管理工作的重点之一，便于应对监管检查和质量问题调查。养殖场投入品采购信息管理模块主要实现兽药、饲料等投入品的采购记录的填报、修改、查询和删除管理（图2-21）。

（1）兽药采购信息管理

兽药采购信息管理用于兽药采购记录的添加、选定记录的修改和删除，以及历史采购记录的多条件综合查（图2-22）。模块页面右侧表格为采购记录的展示区域，默认展示最近3个月的兽药采购记录；左侧查询条件设定区域，可进行多条件综合查询的查询条件的设定，单击"查询"按钮后，右侧同步展示查询结果记录；勾选采购记录左侧序号前的选择框，可进行选定记录的导出、打印和批量删除操作；单击任意一条兽药采购记录，进入该记录的详细信息浏览界面（图2-23），可进行该兽药采购记录详细信息的浏览、修改和删除操作；单击"添加"按钮，进入"兽药采购记录添加"页面（图2-24），可进行兽药采购记录的添加操作。

图 2-22 兽药采购信息管理界面

"兽药采购详细信息浏览"页面（图2-23），用于采购时间、通用名称、商品名称、批准文号、批号、剂型、规格、有效期、生产企业、购买数量、采购合同和采购人等兽药采购详细信息的浏览、导出、打印、修改和删除管理。单击页面右下角的"添加"按钮，进入"兽药采购记录添加"页面（图2-24），可进行兽药采购记录的添加操作。

图 2-23　兽药采购详细信息浏览界面

"兽药采购记录添加"页面（图 2-24），用于采购时间、通用名称、商品名称、品准文号、批号、剂型、规格、有效期、生产企业、购买数量、采购合同和采购人等兽药采购详细信息的录入，实现兽药采购记录的新增。

图 2-24　兽药采购记录添加界面

（2）饲料采购信息管理

饲料采购信息管理用于饲料和饲料添加剂采购记录的添加、选定记录的修改和删除，以及历史采购记录的多条件综合查询（图2-25）。模块页面右侧表格为采购记录的展示区域，默认展示最近3个月的饲料和饲料添加剂采购记录；左侧查询条件设定区域，可进行多条件综合查询的查询条件的设定，单击"查询"按钮后，右侧同步展示查询结果记录；勾选采购记录左侧序号前的选择框，可进行选定记录的导出、打印和批量删除操作；单击任意一条饲料或饲料添加剂采购记录，进入该记录的详细信息浏览界面（图2-26），可进行该饲料或饲料添加剂采购记录详细信息的浏览、修改和删除操作；单击"添加"按钮，进入"饲料采购记录添加"页面（图2-27），可进行饲料或饲料添加剂采购记录的添加操作。

图2-25　饲料采购信息管理界面

"饲料采购详细信息浏览"页面（图2-26），用于采购时间、饲料名称、供应商、批准文号、生产批号、规格、生产日期、保质期、生产企业、购买数量、采购合同和采购人等饲料或饲料添加剂采购详细信息的浏览、导出、打印、修改与删除管理。单击页面右下角的"添加"按钮，进入"饲料采购记录添加"页面（图2-27），可进行饲料或饲料添加剂采购记录的添加操作。

"饲料采购记录添加"页面（图2-27），用于采购时间、饲料名称、供应商、批准文号、生产批号、规格、生产日期、保质期、生产企业、购买数量、采购合同和采购人等饲料或饲料添加剂采购详细信息的录入管理。

图 2-26　饲料采购详细信息浏览界面

图 2-27　饲料采购记录添加界面

2.2.2　库存信息管理

投入品库存记录的信息化管理是实现投入品库存量实时监控，自动计算补货需求，是避免过度库存或缺货情况发生的有效方式，有助于降低存储成本，确保生产活动的连续性。养殖场投入品库存信息管理模块主要实现兽药、饲料等投入品的库存记录的填报、修改、查询和删除管理。

（1）兽药库存信息管理

兽药库存信息管理用于兽药库存记录的添加、选定记录的修改和删除，以及所有库存记录的多条件综合查询（图2-28），包括生物制品仓库、化学药品仓库、中药仓库和消毒防腐剂仓库。模块页面左侧以列表形式分类别展示养殖企业的所有兽药仓库，可通过单击的方式选定仓库，页面右下侧表格同步展示所选仓库的兽药库存情况，默认展示企业所有兽药仓库的全部兽药库存情况；页面右上侧查询条件设定区域，可进行多条件综合查询的查询条件的设定，单击"查询"按钮后，下侧表格同步展示所选仓库的兽药库存的查询结果；勾选库存记录左侧序号前的选择框，可进行选定兽药库存记录的导出、打印和批量删除操作；单击右下侧表格的任意一条兽药库存记录，进入该记录的详细信息浏览界面（图2-29），可进行该兽药库存记录详细信息的浏览、修改和删除操作；单击"添加"按钮，进入"兽药库存记录添加"页面（图2-30），可进行兽药库存记录的添加操作。

图2-28　兽药库存信息管理界面

"兽药库存详细信息浏览"页面（图2-29），用于库存号、入库时间、采购单号、通用名称、商品名称、兽药用途、仓库号、货架号、库存数量、生产批号、剂型、规格、有效期、生产企业、采购合同、管理员、库存状态和出库时间等兽药库存详细信息的浏览、导出、打印、修改和删除管理。单击页面右下角的"添加"按钮，进入"兽药库存记录添加"页面（图2-30），可进行兽药库存记录的添加操作。

"兽药库存记录添加"页面（图2-30），用于库存号、入库时间、采购单号、通用名称、商品名称、兽药用途、仓库号、货架号、库存数量、生产批号、剂型、规格、有效期、生产企业、采购合同、管理员、库存状态和出库时间等兽药库存详细信息的录入，实现兽药库存记录的新增。

图 2-29　兽药库存详细信息浏览界面

图 2-30　兽药库存记录添加界面

（2）饲料库存信息管理

　　饲料库存信息管理用于饲料和饲料添加剂库存记录的添加、选定记录的修改和删除，以及所有库存记录的多条件综合查询（图 2-31），包括粗饲料仓库、青储饲料仓库、全价饲料和浓缩饲料仓库、预混饲料和功能饲料仓库、微生物饲料仓库和液体饲料仓库。模块页面左侧以列表形式分类别展示养殖企业的所有饲料仓库，可通过单击的方式选定仓库，页面右下侧表格同步展示所选仓库的饲料和饲料添加剂库存情况，默认展示企业所有饲料仓库的全部饲料和饲料添加剂库存情况；页面右上侧查询条件设定区域，可进行多条件综合查询的查询条件的设定，单击"查询"按钮后，下侧表格同步展示所选仓库的饲料和饲料添加剂库存的查询结果；勾选库存记录左侧序号前的选择框，可进行选定饲料和饲料添加剂库存记录的导出、打印和批量删除操作；单击右下侧表格的任意一条饲料或饲料添加剂库存记录，进入该记录的详细信息浏览界面（图2-32），可进行该饲料或饲料添加剂库存记录详细信息的浏览、修改和删除操作；单击"添加"按钮，进入"饲料库存记录添加"页面（图2-33），可进行饲料或饲料添加剂库存记录的添加操作。

图2-31 饲料库存信息管理界面

"饲料库存详细信息浏览"页面（图2-32），用于库存号、入库时间、采购单号、名称、供应商、生产日期、仓库号、货架号、库存数量、批准文号、生产批号、规格、保质期、生产企业、采购合同、管理员、库存状态和出库时间等饲料或饲料添加剂库存详细信息的浏览、导出、打印、修改和删除管理。单击页面右下角的"添加"按钮，进入"饲料库存记录添加"页面（图2-33），可进行饲料或饲料添加剂库存记录的添加操作。

"饲料库存记录添加"页面（图2-33），用于库存号、入库时间、采购单号、名称、供应商、生产日期、仓库号、货架号、库存数量、批准文号、生产批号、规格、保质期、生产企业、采购合同、管理员、库存状态和出库时间等饲料或饲料添加剂库存详细信息的录入，实现兽药库存记录的新增。

图 2-32　饲料库存详细信息浏览界面

图 2-33　饲料库存记录添加界面

2.2.3　仓储环境管理

投入品存储在畜禽养殖过程中必不可少，良好的仓储环境是保障投入品质量和安全性的关键。养殖场投入品仓储环境管理模块主要实现兽药、饲料等投入品的仓储环境的实时监控，以及历史环境信息的自动统计和多条件综合查询。

（1）兽药仓储环境管理

畜禽养殖常用兽药，按其来源、制备工艺和作用原理，主要划分为生物制药、化学制药和中药三大类。由于其内在特性和制造工艺的差异，所需存储环境截然不同。生物制品如疫苗和抗体药物，需严格遵循冷链管理原则，在 2～8℃

或更低温度下冷藏保存，以维持活性成分稳定；化学制药涉及多种合成化合物，通常需要在阴凉干燥且通风良好的环境中储存，防止高温、光照等因素导致药物降解失效；而中药原料及成药则讲究防潮、避光、防虫蛀，部分贵细药材可能还需特殊处理并单独存放。为了保证药品质量和疗效，各类药物必须按照其特性精准分类，存储在适宜条件下。兽药仓储环境管理模块用于兽药仓储环境信息的实时动态采集、展示及历史环境信息的多条件综合查询。

兽药仓库仓储环境信息动态展示主页面（图 2-34）右侧以图标形式，动态展示各兽药仓库内仓储环境信息（温度、湿度、风速、气压和光照强度）的达标情况，绿色字体表明仓库内各指标均处于正常值范围内，红色字体闪烁表明仓库内有至少一个环境指标超出正常值范围，单击仓库图标可进入该兽药仓库仓储环境指标动态监测及展示页面（图 2-35）；页面左侧竖向导航菜单分类别（生物制药、化学制药、中药和消毒防腐剂）展示企业所有兽药仓库名称，单击选择可进入选定兽药仓库仓储环境指标动态监测及展示页面（图 2-35）。

图 2-34　兽药仓库仓储环境信息动态展示主页界面

兽药仓库仓储环境指标动态监测及展示页面（图 2-35）中部视频展示区域，实时展示仓库内所有视频监控画面，单击任意监控画面，右侧同步展示该视频监控连接的环境传感器实时监测的温度、湿度、风速、气压和光照强度 5 个环境指标值，单击任意环境指标值，下方同步展示该指标值 24 小时内的变化曲线，单击曲线方法"历史信息查询"按钮，进入"兽药仓库仓储环境指标动态监测信息多条件综合查询"页面（图 2-36），页面右侧展示选定视频监控的可操作页面（可进行视频的放大、缩小、角度的任意调节）。页面左侧竖向导航菜单上单击选择，可实现兽药仓库仓储环境指标动态监测及展示页面的自由切换，默认查询范围为企业所有兽药仓库。

图 2-35　兽药仓库仓储环境指标动态监测及展示界面

　　兽药仓库仓储环境指标动态监测信息多条件综合查询页面（图 2-36），可实现兽药仓库内仓储环境（温度、湿度、风速、气压和光照强度）的历史监测信息的多条件综合查询，查询结果以折线图和表格的形式展示。页面左侧竖向导航菜单上单击选择，可实现兽药仓库仓储环境指标动态监测及展示页面的自由切换，默认查询范围为企业所有兽药仓库。页面中部可进行查询条件的设定，单击"查询"按钮，右上方以折线图形式展示查询结果，下部同步展示查询结果值，单击任意结果值，进入对应的"兽药仓库仓储环境指标动态监测及展示"页面（图 2-35）。

图 2-36　兽药仓库仓储环境指标动态监测信息多条件综合查询界面

（2）饲料仓储环境管理

畜禽养殖饲料的种类多种多样，根据饲料的营养成分、加工方式和用途，分为粗饲料、青储饲料、全价饲料、浓缩饲料、预混饲料、功能饲料、微生物饲料和液体饲料等。各类饲料的存储对环境要求差异较大，干草、秸秆、糟渣等粗饲料通常需要地面平整且排水通风良好的较大空间，避免受潮；青储玉米、豆科植物等青储饲料是通过厌氧发酵技术处理的新鲜植物性饲料，需要结构坚固、密封性能良好，能够承受较大压力、保持厌氧环境的青储窖或青储塔存储；全价饲料包含了动物所需所有必需营养素（蛋白质、能量、矿物质、维生素等）的饲料，浓缩饲料主要用于补充基础饲料中不足的营养成分，存储全价饲料和浓缩饲料的仓库内应保持干燥、阴凉，防止饲料中的营养成分损失，多采用货架或堆垛方式存放，便于管理和取用；预混饲料是由微量元素、维生素、抗生素、药物添加剂等微量组分与载体按照一定配方预先混合而成的产品，功能饲料是具有特定生理功能或保健作用的饲料（如促进消化、改善免疫力、减少排放污染等），存储预混饲料和功能饲料的仓库需要良好的密封性和防潮性，避免饲料受到光照和高温影响；有益微生物（如益生菌、酶制剂等）在饲料中的活性和稳定性对其使用效果至关重要，微生物饲料的存储需确保低温、避光、干燥、密封和卫生的良好环境条件，以及规范化的仓储管理措施，最大程度地保持其中微生物的活性和效能；脂肪、糖蜜等液体饲料的存储对温度、卫生条件、包装密封性的要求较高，需要防漏、防腐的容器和管道系统等专用设施。饲料仓储环境管理模块用于饲料和饲料添加剂仓储环境信息的实时动态采集、展示及历史环境信息的多条件综合查询。

饲料仓库仓储环境信息动态展示主页面（图2-37）右侧以图标形式，动态展示各饲料仓库内仓储环境信息（温度、湿度、风速、气压和光照强度）的达标情况，绿色字体表明仓库内各指标均处于正常值范围内，红色字体闪烁表明仓库内有至少一个环境指标超出正常值范围，单击仓库图标可进入该饲料仓库仓储环境指标动态监测及展示页面（图2-38）；页面左侧竖向导航菜单分类别（粗饲料库、青储饲料库、全价和浓缩饲料库、预混合功能饲料库、微生物饲料库、液体饲料库）展示企业所有饲料仓库名称，单击选择可进入选定饲料仓库仓储环境指标动态监测及展示页面（图2-38）。

饲料仓库仓储环境指标动态监测及展示页面（图2-38）中部视频展示区域，实时展示仓库内所有视频监控画面，单击任意监控画面，右侧同步展示该视频监控连接的环境传感器实时监测的温度、湿度、风速、气压和光照强度5个环境指标值，单击任意环境指标值，下方同步展示该指标值24小时内的变化曲线，单击曲线方法"历史信息查询"按钮，进入"饲料仓库仓储环境指标动态监测信

图 2-37　饲料仓库仓储环境信息动态展示主页界面

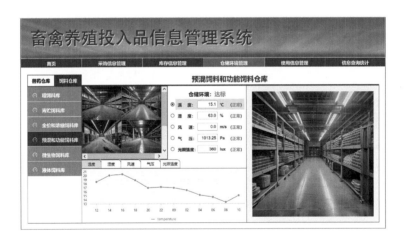

图 2-38　饲料仓库仓储环境指标动态监测及展示界面

息多条件综合查询"页面（图 2-39），模块页面右侧展示选定视频监控的可操作页面（可进行视频的放大、缩小、角度的任意调节）。模块页面左侧竖向导航菜单上单击选择，可实现饲料仓库仓储环境指标动态监测及展示页面的自由切换，默认查询范围为企业所有饲料仓库。

　　饲料仓库仓储环境指标动态监测信息多条件综合查询页面（图 2-39），可实现饲料仓库内仓储环境（温度、湿度、风速、气压和光照强度）的历史监测信息的多条件综合查询，查询结果以折线图和表格的形式展示。模块页面左侧竖向导航菜单上单击选择，可实现饲料仓库仓储环境指标动态监测及展示页面的自由切换，默认查询范围为企业所有兽药仓库。页面中部可进行查询条件的设定，单击"查询"按钮，右上方以折线图形式展示查询结果，下部同步展示查询结果值，单击任意结果值，进入对应的"饲料仓库仓储环境指标动态监测及展示"页面。

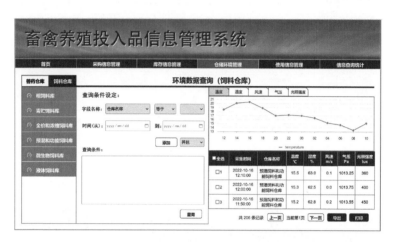

图 2-39　饲料仓库仓储环境指标动态监测信息多条件综合查询界面

2.2.4　使用信息管理

　　详细的投入品使用记录是监督和控制投入品合理使用、保障食品源头安全的重要手段，也是养殖场遵循相关法规、履行社会责任和应对官方检查的必要证据。养殖场投入品使用信息管理模块主要实现兽药、饲料等投入品的使用记录的填报、修改、查询和删除管理。

　　（1）兽药使用信息管理

　　兽药使用信息管理用于兽药使用记录的添加、选定记录的修改和删除，以及企业所有兽药使用记录的多条件综合查询（图 2-40）。模块页面左侧以列表形式分类别展示养殖企业的所有兽药仓库，可通过单击的方式选定仓库，右下侧表格同步展示所选仓库的兽药使用情况，默认展示企业所有兽药仓库的全部兽药使用情况；模块页面右上侧查询条件设定区域，可进行多条件综合查询的查询条件的设定，单击"查询"按钮后，下侧表格同步展示所选仓库的兽药使用记录的查询结果；勾选使用记录左侧序号前的选择框，可进行选定兽药使用记录的导出、打印和批量删除操作；单击右下侧表格的任意一条兽药使用记录，进入该记录的详细信息浏览界面（图 2-41），可进行该兽药使用记录详细信息的浏览、修改和删除操作；单击"添加"按钮，进入"兽药使用记录添加"页面（图2-42），可进行兽药使用记录的添加操作。

图2-40　兽药使用记录管理界面

"兽药使用详细信息浏览"页面（图2-41），用于使用编号、用药时间、用药目的、药品名称、通用名称、剂型、规格、产品批准文号、批号、生产日期、有效期、生产厂家、症状（处方笺编号）、群体用药/个体用药、畜禽编号、休药期、采购单号、库存号、使用人、使用地点、给药途径、给药剂量、治疗效果等兽药使用详细信息的浏览、导出、打印、修改和删除管理。单击页面右下角的"添加"按钮，进入"兽药使用记录添加"页面（图2-42），可进行兽药使用记录的添加操作。

图2-41　兽药使用详细信息浏览界面

"兽药使用记录添加"页面（图2-42），用于使用编号、用药时间、用药目的、药品名称、通用名称、剂型、规格、产品批准文号、批号、生产日期、有效期、生产厂家、症状（处方笺编号）、群体用药/个体用药、畜禽编号、休药期、采购单号、库存号、使用人、使用地点、给药途径、给药剂量、治疗效果等兽药使用详细信息的录入，实现兽药使用记录的新增。

图2-42　兽药使用记录添加界面

（2）饲料使用信息管理

饲料使用信息管理用于饲料和饲料添加剂的使用记录的添加、选定记录的修改和删除，以及企业所有饲料和饲料添加剂使用记录的多条件综合查询（图2-43）。模块页面左侧以列表形式分类别展示养殖企业的所有饲料仓库，可通过单击的方式选定仓库，右下侧表格同步展示所选仓库的饲料和饲料添加剂的使用情况，默认展示企业所有饲料仓库的全部饲料和饲料添加剂的使用情况；模块页面右上侧查询条件设定区域，可进行多条件综合查询的查询条件的设定，单击"查询"按钮后，下侧表格同步展示所选仓库的饲料和饲料添加剂的使用记录的查询结果；勾选使用记录左侧序号前的选择框，可进行选定饲料和饲料添加剂的使用记录的导出、打印和批量删除操作；单击右下侧表格的任意一条饲料和饲料添加剂的使用记录，进入该记录的详细信息浏览界面（图2-44），可进行该饲料和饲料添加剂使用记录详细信息的浏览、修改和删除操作；单击"添加"按钮，进入"饲料使用记录添加"页面（图2-45），可进行饲料和饲料添加剂使用记录的添加操作。

图 2-43　饲料使用记录管理界面

"饲料库存详细信息浏览"页面（图 2-44），用于使用编号、投喂时间、饲料类型、畜禽种类、畜禽编号、饲料名称、生产企业、供应商、批准文号、生产批号、生产日期、保质期、规格、用量、责任人、投喂地点、采购单号和库存号等饲料和饲料添加剂使用详细信息的浏览、导出、打印、修改和删除管理。单击页面右下角的"添加"按钮，进入"饲料使用记录添加"页面（图 2-45），可进行饲料和饲料添加剂使用记录的添加操作。

图 2-44　饲料使用详细信息浏览界面

"饲料使用记录添加"页面（图 2-45），用于使用编号、投喂时间、饲料类型、畜禽种类、畜禽编号、饲料名称、生产企业、供应商、批准文号、生产批号、生产日期、保质期、规格、用量、责任人、投喂地点、采购单号和库存号等饲料和饲料添加剂使用详细信息的录入，实现饲料和饲料添加剂使用记录的新增。

图 2-45   饲料使用记录添加界面

2.2.5   信息查询统计

该模块的主要功能是对饲料、兽药、疫苗等各类畜禽养殖投入品的采购量、库存量、使用量和仓储环境等相关信息进行精确统计，是有效控制养殖成本、进行经济效益分析，从而实现资源优化配置、提高养殖效率的关键。养殖场投入品查询统计模块主要实现畜禽养殖兽药、饲料等投入品的采购、库存、使用和仓储环境信息的多条件综合查询和统计分析。模块页面左侧导航栏，可进行查询对象的选择，包括采购信息查询统计、库存信息查询统计、使用信息查询统计和仓储环境查询统计。

（1）采购信息查询统计

采购信息查询统计是对兽药、饲料和饲料添加剂等各类畜禽养殖投入品的采购信息的多条件综合查询，以及查询结果的筛选和统计分析，包括"兽药采购信息查询统计"和"饲料采购信息查询统计"。

兽药采购信息查询统计（图 2-46）：页面左侧导航栏上单击选择"兽药采购"，进行兽药采购信息的多条件综合查询，以及查询结果的筛选和统计分析。模块页面中部"查询条件设定"区域，进行多条件综合查询的查询条件的设定，单击"查询"按钮后，右侧"结果展示区"同步展示查询的兽药采购信息的查询结果。模块页面右上侧以统计图的形式展示符合查询条件的所有兽药采购记录，"图表类型"下拉框可进行统计图类型（柱状图、折线图、饼图、条形图、散点图等）的选择，"统计字段"下拉框可进行兽药采购信息的统计字段的选择。模块页面右下侧以表格的形式展示符合查询条件的所有兽药采购记录，单击任意记录，可进入该条兽药采购记录的详细信息展示页面。通过勾选的形式，可进行查询结果记录的选择，单击"导出"按钮，可将所有选择的兽药采购记录导出成 Excel 表格；单击"打印"按钮，可进行所有选择的兽药采购记录的打印。

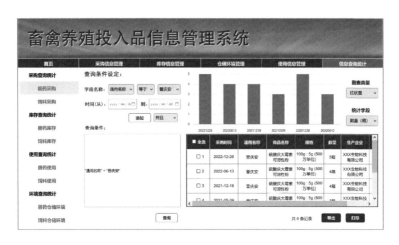

图 2-46 兽药采购信息查询统计界面

　　饲料采购信息查询统计（图 2-47）：模块页面左侧导航栏上单击选择"饲料采购"，进行饲料和饲料添加剂采购信息的多条件综合查询，以及查询结果的筛选和统计分析。模块页面中部"查询条件设定"区域，进行多条件综合查询的查询条件的设定，单击"查询"按钮后，右侧"结果展示区"同步展示查询的饲料和饲料添加剂采购信息的查询结果。模块页面右上侧以统计图的形式展示符合查询条件的所有饲料和饲料添加剂采购记录，"图表类型"下拉框可进行统计图类型（柱状图、折线图、饼图、条形图、散点图等）的选择，"统计字段"下拉框可进行饲料和饲料添加剂采购信息的统计字段的选择；模块页面右下侧以表格的形式展示符合查询条件的所有饲料和饲料添加剂采购记录，单击任意记录，可进入该条饲料或饲料添加剂采购记录的详细信息展示页面。通过勾选的形式，可进行查询结果记录的选择，单击"导出"按钮，可将所有选择的饲料和饲料添加剂采购记录导出成 Excel 表格；单击"打印"按钮，可进行所有选择的饲料和饲料添加剂采购记录的打印。

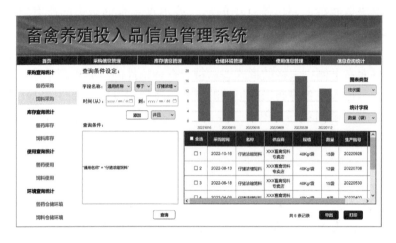

图 2-47　饲料采购信息查询统计界面

（2）库存信息查询统计

库存信息查询统计是对兽药、饲料和饲料添加剂等各类畜禽养殖投入品的库存信息的多条件综合查询，以及查询结果的筛选和统计分析，包括"兽药库存信息查询统计"和"饲料库存信息查询统计"。

兽药库存信息查询统计（图 2-48）：模块页面左侧导航栏上单击选择"兽药库存"，进行兽药库存信息的多条件综合查询，以及查询结果的筛选和统计分析。模块页面中部"查询条件设定"区域，进行多条件综合查询的查询条件的设定，单击"查询"按钮后，右侧"结果展示区"同步展示查询的兽药库存信息的查询结果。模块页面右上侧以统计图的形式展示符合查询条件的所有兽药库存记录，"图表类型"下拉框可进行统计图类型（柱状图、折线图、饼图、条形图、散点图等）的选择，"统计字段"下拉框可进行兽药库存信息的统计字段的选择；模块页面右下侧以表格的形式展示符合查询条件的所有兽药库存记录，单击任意记录，可进入该条兽药库存记录的详细信息展示页面。通过勾选的形式，可进行查询结果记录的选择，单击"导出"按钮，可将所有选择的兽药库存记录导出成 Excel 表格；单击"打印"按钮，可进行所有选择的兽药库存记录的打印。

饲料库存信息查询统计（图 2-49）：模块页面左侧导航栏上单击选择"饲料库存"，进行饲料和饲料添加剂库存信息的多条件综合查询，以及查询结果的筛选和统计分析。模块页面中部"查询条件设定"区域，进行多条件综合查询的查询条件的设定，单击"查询"按钮后，右侧"结果展示区"同步展示查询的

图 2-48　兽药库存信息查询统计界面

图 2-49　饲料库存信息查询统计界面

饲料和饲料添加剂库存信息的查询结果。右上侧以统计图的形式展示符合查询条件的所有饲料和饲料添加剂库存记录，"图表类型"下拉框可进行统计图类型（柱状图、折线图、饼图、条形图、散点图等）的选择，"统计字段"下拉框可进行饲料和饲料添加剂库存信息的统计字段的选择；模块页面右下侧以表格的形式展示符合查询条件的所有饲料和饲料添加剂库存记录，单击任意记录，可进入该条饲料或饲料添加剂库存记录的详细信息展示页面。通过勾选的形式，可进行查询结果记录的选择，单击"导出"按钮，可将所有选择的饲料和饲料添加剂库存记录导出成 Excel 表格；单击"打印"按钮，可进行所有选择的饲料和饲料添加剂库存记录的打印。

（3）使用信息查询统计

使用信息查询统计是对兽药、饲料和饲料添加剂等各类畜禽养殖投入品的使用信息的多条件综合查询，以及查询结果的筛选和统计分析，包括"兽药使用信息查询统计"和"饲料使用信息查询统计"。

兽药使用信息查询统计（图2-50）：模块页面左侧导航栏上单击选择"兽药使用"，进行兽药使用信息的多条件综合查询，以及查询结果的筛选和统计分析。模块页面中部"查询条件设定"区域，进行多条件综合查询的查询条件的设定，单击"查询"按钮后，右侧"结果展示区"同步展示查询的兽药使用信息的查询结果。模块页面右上侧以统计图的形式展示符合查询条件的所有兽药使用记录，"图表类型"下拉框可进行统计图类型（柱状图、折线图、饼图、条形图、散点图等）的选择，"统计字段"下拉框可进行兽药使用信息的统计字段的选择；模块页面右下侧以表格的形式展示符合查询条件的所有兽药使用记录，单击任意记录，可进入该条兽药使用记录的详细信息展示页面。通过勾选的形式，可进行查询结果记录的选择，单击"导出"按钮，可将所有选择的兽药使用记录导出成 Excel 表格；单击"打印"按钮，可进行所有选择的兽药使用记录的打印。

图 2-50　兽药使用信息查询统计界面

饲料使用信息查询统计（图2-51）：模块页面左侧导航栏上单击选择"饲料使用"，进行饲料和饲料添加剂使用信息的多条件综合查询，以及查询结果的筛选和统计分析。模块页面中部"查询条件设定"区域，进行多条件综合查询的查询条件的设定，单击"查询"按钮后，右侧"结果展示区"同步展示查询的饲料和饲料添加剂使用信息的查询结果。模块页面右上侧以统计图的形式展示符合查询条件的所有饲料和饲料添加剂使用记录，"图表类型"下拉框可进行统计图类型（柱状图、折线图、饼图、条形图、散点图等）的选择，"统计字段"下拉框可进行饲料和饲料添加剂使用信息的统计字段的选择；模块页面右下侧以表格的形式展示符合查询条件的所有饲料和饲料添加剂使用记录，单击任意记录，可进入该条饲料或饲料添加剂使用记录的详细信息展示页面。通过勾选的形式，可进行查询结果记录的选择，单击"导出"按钮，可将所有选择的饲料和饲料添加剂使用记录导出成 Excel 表格；单击"打印"按钮，可进行所有选择的饲料和饲料添加剂使用记录的打印。

图 2-51　饲料使用信息查询统计界面

（4）仓储环境查询统计

仓储环境查询统计是对兽药、饲料和饲料添加剂等各类畜禽养殖投入品的仓储环境信息的多条件综合查询，以及查询结果的筛选和统计分析，包括"兽药仓储环境查询统计"和"饲料仓储环境查询统计"。

兽药仓储环境查询统计（图 2-52）：模块页面左侧导航栏上单击选择"兽药仓储环境"，进行兽药仓储环境信息的多条件综合查询，以及查询结果的筛选和统计分析。模块页面中部"查询条件设定"区域，进行多条件综合查询的查询条件的设定，单击"查询"按钮后，右侧"结果展示区"同步展示查询的兽药仓储环境信息的查询结果。模块页面右上侧以统计图的形式展示符合查询条件的所有兽药仓储环境记录，"图表类型"下拉框可进行统计图类型（柱状图、折线图、饼图、条形图、散点图等）的选择，"统计字段"下拉框可进行兽药仓储环境信息的统计字段的选择；模块页面右下侧以表格的形式展示符合查询条件的所有兽药仓储环境记录，单击任意记录，可进入该条兽药仓储环境记录的详细信息展示页面。通过勾选的形式，可进行查询结果记录的选择，单击"导出"按钮，可将所有选择的兽药仓储环境记录导出成 Excel 表格；单击"打印"按钮，可进行所有选择的兽药仓储环境记录的打印。

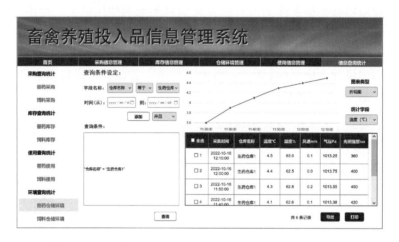

图 2-52 兽药仓储环境查询统计界面

饲料仓储环境查询统计（图 2-53）：模块页面左侧导航栏上单击选择"饲料仓储环境"，进行饲料和饲料添加剂仓储环境信息的多条件综合查询，以及查询结果的筛选和统计分析。模块页面中部"查询条件设定"区域，进行多条件综合查询的查询条件的设定，单击"查询"按钮后，右侧"结果展示区"同步展示查询的饲料和饲料添加剂仓储环境信息的查询结果。模块页面右上侧以统计图的形式展示符合查询条件的所有饲料和饲料添加剂仓储环境记录，"图表类型"

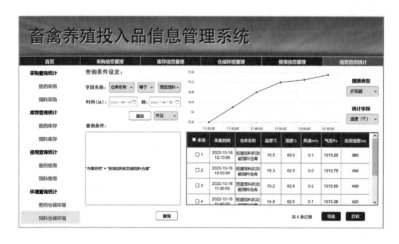

图 2-53 饲料仓储环境查询统计界面

下拉框可进行统计图类型（柱状图、折线图、饼图、条形图、散点图等）的选择，"统计字段"下拉框可进行饲料和饲料添加剂仓储环境信息的统计字段的选择；模块页面右下侧以表格的形式展示符合查询条件的所有饲料和饲料添加剂仓储环境记录，单击任意记录，可进入该条饲料或饲料添加剂仓储环境记录的详细信息展示页面。通过勾选的形式，可进行查询结果记录的选择，单击"导出"按钮，可将所有选择的饲料和饲料添加剂仓储环境记录导出成 Excel 表格；单击"打印"按钮，可进行所有选择的饲料和饲料添加剂仓储环境记录的打印。

2.3　畜禽养殖档案信息化管理系统

根据《中华人民共和国畜牧法》等相关法律法规要求，养殖场必须建立和妥善保管养殖档案，记录畜禽个体从出生、饲养、免疫接种、用药、疾病诊疗到出售或屠宰等全过程信息，包括畜禽品种、数量、繁殖记录、标识情况、来源和进出场日期，饲料、饲料添加剂、兽药等投入品的来源、名称、使用对象、时间和用量，以及检疫、免疫、消毒情况等信息。规范畜禽养殖档案，全面记录分析畜禽养殖全过程各环节信息，有助于养殖户及时发现饲养管理中存在的问题，调整饲养方案、优化配置资源、降低养殖成本，提高生产效率和经济效益。

手工填写和查阅养殖档案信息的效率极其低下，尤其在大规模或高密度养殖场所，人工记录往往无法及时更新和跟踪实时变化的养殖数据，且长期积累的纸质养殖档案会占据大量的物理存储空间，保管成本较高。因此，建立畜禽养殖档案信息化管理系统，采用信息化的手段，数字化记录养殖场圈舍、畜禽档案、饲喂、消毒、疾病防治和检疫等信息，可有效提高养殖档案信息管理和查询统计效率。畜禽养殖档案信息化管理采用密码登录的形式进行角色控制（图2-54），保

图 2-54　畜禽养殖档案信息化管理系统登录页界面

障不同权限用户的数据管理的安全、准确、高效，系统包含圈舍信息管理、畜禽档案管理、饲喂信息管理、消毒记录管理、疾病防治管理和检疫信息管理6个功能模块（图 2-55）。

图 2-55　畜禽养殖档案信息化管理系统导航页界面

2.3.1　圈舍信息管理

圈舍信息管理模块主要实现养殖场所有圈舍信息综合管理和单个圈舍详细信息管理。"圈舍信息综合管理"实现对所有养殖圈舍和各圈舍的编号、名称、类别、养殖对象、饲养管理等信息的管理，包括圈舍的增加、修改、删除和多条件综合查询；"单个圈舍详细信息管理"功能单个圈舍的基本、舍存、饲喂、消毒和舍内视频监控信息的实时动态展示。具体功能与"2.1节养殖场信息管理系统"的"圈舍信息管理"相同。

2.3.2　畜禽档案管理

《中华人民共和国畜牧法》规定，畜禽养殖场应当建立养殖档案且按规定保存。养殖档案详细记录了每只畜禽从出生到出栏的全过程信息，对于提高养殖效率、有效预防和控制疫病、进行产品质量追溯都至关重要。畜禽档案管理模块主要实现养殖场畜禽基本信息、饲喂信息、消毒信息、疾病防治和检疫信息的管理，包括增加、修改、删除和多条件综合查询，如图 2-56 所示。

功能模块页面左侧导航栏以树状结构展示企业所有养殖圈舍类型，单击可选定畜禽档案信息查询的范围。页面右侧查询条件设定区域进行综合查询条件设定，查询结果区域以表格形式分多页显示查询结果。单击每条查询结果记录前的复选框，可进行结果记录选择，单击"导出""打印"或"删除"按钮可进行选中查询结果的导出、打印或删除；查询结果表格中单击任意行，页面自动跳转到选定养殖舍的档案记录的详细信息管理界面，可实现选定养殖舍的档案记录的详细信息的查询浏览；单击"添加"按钮，页面自动跳转到养殖舍的档案记录信息添加界面，可实现养殖舍的档案记录信息的添加。

图 2-56　畜禽档案管理界面

（1）养殖舍档案管理

"养殖舍档案详细信息管理"页面展示"畜禽档案管理"页面表格中选择的养殖舍畜禽档案的详细信息，包括圈舍信息、畜禽信息、畜禽编号、饲喂信息、消毒记录、疾病防治和检疫信息（图 2-57）。

页面左侧导航栏以树状结构展示企业所有养殖圈舍，默认选定"畜禽档案管理"页面表格中选择的养殖圈舍。页面右侧同步展示"畜禽档案管理"页面表格中选择的养殖圈舍的畜禽养殖档案的详细信息，包括圈舍名称、类别、责任人和饲喂人等圈舍信息，圈舍养殖的畜禽品种、数量、年龄、平均体重等畜禽信息，圈舍内养殖的所有畜禽的编号（单击任意畜禽养殖编号，进入"畜禽个体档案详细信息管理"页面），圈舍畜禽最近一次饲喂的饲料种类、饲喂量、投料时间和饲喂人员等饲喂信息（单击标题右侧双箭头，进入"养殖舍饲喂详细信息管理"页面），圈舍最近一次消毒使用的药品名称、消毒方式、消毒时间和消毒人员等消毒信息（单击标题右侧双箭头，进入"消毒记录详细信息管理"页面），圈舍畜禽最近一次免疫的病种和免疫时间（单击"免疫病种"右侧双箭

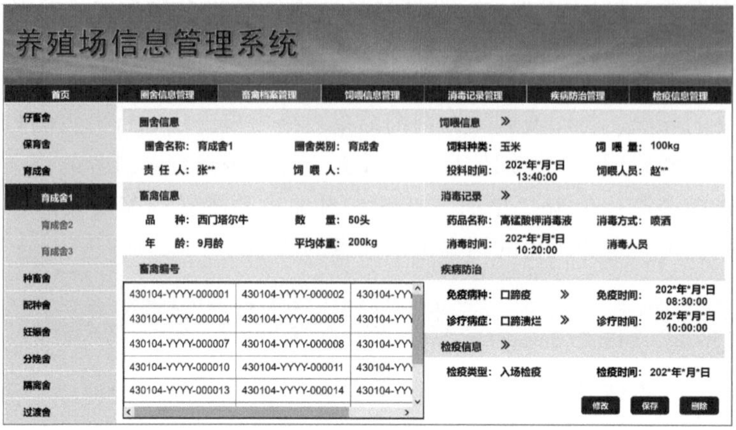

图 2-57　养殖舍档案详细信息管理界面

头，进入"免疫记录详细信息管理"页面），最近一次疾病诊疗的病症和诊疗时间等畜禽疾病防治信息（单击"诊疗病症"右侧双箭头，进入"诊疗记录详细信息管理"页面），以及畜禽最近一次检疫的类型、时间等信息（单击标题右侧双箭头，进入畜禽检疫详细信息管理页面）。

"养殖舍档案信息添加"页面（图 2-58），用于圈舍名称、类别、责任人等圈舍信息，圈舍内养殖的畜禽品种、数量、年龄和平均体重等畜禽信息，以及舍内所有畜禽编号信息的录入，实现养殖舍档案信息记录的新增。

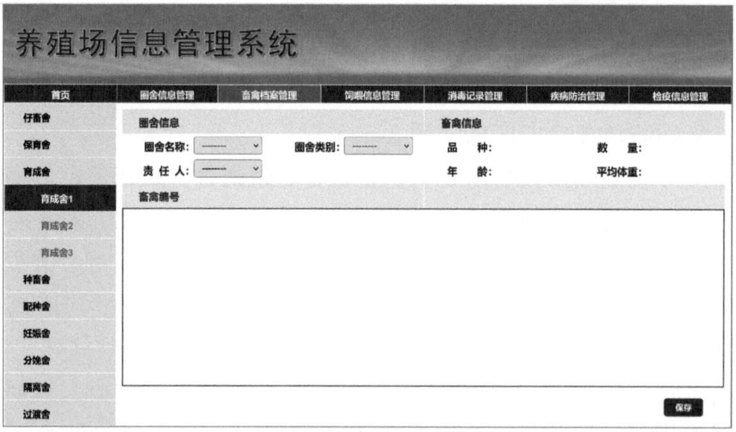

图 2-58　养殖舍档案信息添加界面

（2）畜禽个体档案管理

"畜禽个体档案详细信息管理"页面展示"养殖舍档案详细信息管理"页面"畜禽编号"表格中选择的畜禽个体档案的详细信息，包括圈舍信息、个体信息、种群信息、饲喂信息、免疫信息和检疫信息（图2-59）。

图 2-59 畜禽个体档案详细信息管理界面

模块页面左侧导航栏以树状结构展示企业所有养殖圈舍，默认选定"养殖舍档案详细信息管理"页面表格中选择的畜禽个体所在的养殖圈舍。页面右侧同步展示"养殖舍档案详细信息管理"页面"畜禽编号"表格中选择的畜禽个体的养殖档案详细信息，包括畜禽所在圈舍的名称、类别和责任人等圈舍信息，畜禽编号、品种、性别、出生日期、年龄、体重、种畜场、调研记录和转栏记录信息，畜禽个体的母品种及编号、父品种及编号等种群信息，最近一次饲喂的饲料种类、饲喂量、投料时间和饲喂人员等饲喂信息（单击标题右侧双箭头，进入"养殖舍饲喂详细信息管理"页面），最近一次免疫的病种、阶段和免疫时间（单击"免疫病种"右侧双箭头，进入"免疫记录详细信息管理"页面），最近一次疾病诊疗的病症、用药名称、诊疗时间和结果等畜禽疾病防治信息（单击"诊疗病症"右侧双箭头，进入"诊疗记录详细信息管理"页面），入场和出栏检疫时间等信息（单击标题右侧双箭头，进入畜禽检疫详细信息管理页面），以及畜禽个体的图片信息（包括全脸照、耳标和侧身照）。

"畜禽个体档案信息添加"页面（图2-60），用于圈舍名称、类别、责任人等圈舍信息，畜禽编号、品种、性别、出生日期、年龄、体重、种畜场、调研记录和转栏记录信息，畜禽个体的母品种及编号、父品种及编号等种群信息，以及畜禽个体的图片信息（包括全脸照、耳标和侧身照）的录入，实现畜禽个体档案信息记录的新增。

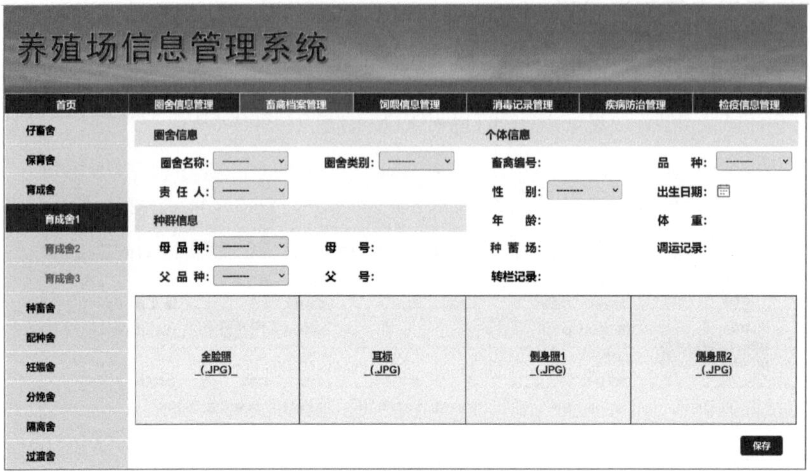

图 2-60　畜禽个体档案信息添加界面

2.3.3　饲喂信息管理

　　饲喂信息详细记录是养殖人员精准掌握畜禽能量和营养摄入量、提高饲料转化率和生长性能的关键。饲喂信息管理模块主要实现畜禽动物编号、品种、性别、年龄阶段（如犊牛期、育成期、育肥期）和体重等动物基本信息，饲料种类（包括青储饲料、浓缩饲料、粗饲料、添加剂预混料等）、投喂量、饲喂时间、饲料配方（详细记录各种原料及其比例，包括玉米、豆粕、麦麸、矿物质、维生素和抗生素等添加剂的使用情况）等饲料投喂信息的管理，包括增加、修改、删除和多条件综合查询功能，如图 2-61 所示。

　　功能模块页面左侧导航栏以树状结构展示企业所有养殖圈舍，单击可选定饲喂信息查询的范围。页面右侧查询条件设定区域进行综合查询条件设定，查询结果区域以表格形式分多页显示查询结果。单击每条查询结果记录前的复选框，可进行结果记录选择，单击"导出""打印"或"删除"按钮可进行选中查询结果的导出、打印或删除；查询结果表格中单击任意行，页面自动跳转到选定饲喂记录的详细信息管理界面（图 2-62），可实现选定饲喂记录的详细信息的查询浏览；单击"添加"按钮，页面自动调整到饲喂信息添加界面（图 2-63），可实现饲喂信息的添加。

图 2-61　饲喂信息管理界面

　　"养殖舍饲喂详细信息管理"页面实时动态展示指定圈舍的基本信息、畜禽信息、饲喂的畜禽编号和饲料种类及配比等信息（图 2-62）。页面左侧导航栏以树状结构展示企业所有养殖圈舍，默认选定"饲喂信息管理"页面表格中选择的饲喂记录所属的养殖圈舍。页面右侧展示"饲喂信息管理"页面表格中选择的饲喂记录的详细信息，包括圈舍名称、类别、责任人和饲喂人等圈舍信息，圈舍内养殖的畜禽品种、数量、饲喂的畜禽编号、年龄和平均体重等畜禽信息，以及饲料种类、饲喂量、投料时间、饲料配比和添加剂等饲喂信息。

图 2-62　养殖舍饲喂详细信息管理界面

"养殖舍饲喂详细信息添加"页面（图2-63），用于圈舍名称、类别、责任人和饲喂人等圈舍信息，圈舍内养殖的畜禽品种、数量、饲喂的畜禽编号、年龄和平均体重等畜禽信息，以及饲料种类、饲喂量、投料时间、饲料配比和添加剂等畜禽饲喂详细信息的录入，实现养殖舍饲喂详细信息记录的新增。

图2-63　养殖舍饲喂信息添加界面

2.3.4　消毒记录管理

消毒是养殖场防止疾病传播的重要措施，定期且有计划的消毒工作可以有效杀灭病原微生物，降低动物感染疫病的风险。完善的消毒记录是养殖场日常管理的重要组成部分，有助于确保消毒操作的规范性和有效性，及时发现和填补防控漏洞。消毒记录管理模块主要实现企业场区、养殖舍内、饲喂装置、更衣室、淋浴室、休息室、厕所等公共场所及工作人员的工作服鞋帽等清洗消毒信息的管理，包括增加、修改、删除和历史记录的多条件综合查询，如图2-64所示。

功能模块页面左侧导航栏以树状结构展示企业所有消毒场所，单击可选定消毒信息查询的范围。页面右侧查询条件设定区域进行综合查询条件设定，查询结果区域以表格形式分多页显示查询结果。单击每条查询结果记录前的复选框，可进行结果记录选择，单击"导出""打印"或"删除"按钮可进行选中查询结果的导出、打印或删除；查询结果表格中单击任意行，页面自动跳转到选定消毒记录的详细信息管理界面（图2-65），页面可实现选定消毒记录的详细信息的查询浏览；单击"添加"按钮，页面自动调整到消毒信息添加界面（图2-66），可实现消毒信息的添加。

图 2-64 消毒记录管理界面

"消毒记录详细信息管理"页面实时动态展示指定消毒记录的场所信息、消毒信息、药品信息、其他信息和相关图片（图 2-65）。页面左侧导航栏以树状结构展示企业所有消毒场所，默认选定"消毒记录管理"页面表格中选择的消毒记录所属的场所。页面中部表格展示"消毒记录管理"页面表格中选择的消毒记录的详细信息，包括场所名称、类别和责任人等场所信息，日期时间、消毒面积和消毒人员等消毒信息，药品名称、用药浓度、消毒方式和配药人员等消毒用的药品信息，效果评估、异常情况等其他消毒记录相关信息。页面右侧展示消毒前后消毒区的现场照片，以及消毒所使用的药品配比前后的照片。

图 2-65 消毒记录详细信息管理界面

"消毒记录信息添加"页面（图 2-66），用于记录场所名称、类别和责任人等场所信息，日期时间、消毒面积和消毒人员等消毒信息，药品名称、用药浓度、消毒方式和配药人员等消毒用的药品信息，效果评估、异常情况等其他消毒记录相关信息，以及消毒前后消毒区的现场照片、消毒所使用的药品配比前后的照片等消毒信息的录入，实现企业消毒记录的新增。

图 2-66   消毒记录信息添加界面

2.3.5   疾病防治管理

畜禽疾病由环境应激、生理机能失调、营养不良、遗传缺陷、中毒、病毒感染、细菌感染和寄生虫感染等多种因素引起，严重影响畜禽健康。具有高传染性和快速传播能力的畜禽疫病，常常在短时间内造成大量畜禽感染，严重时甚至可能导致畜禽大量死亡。疾病防治一直是畜禽养殖关注的重点，完整的疾病防治记录是评估畜禽疾病预防措施有效性，调整饲养管理和防疫策略，提高整体生物安全水平的重要依据。在疫情发生时，完整的防疫记录能够帮助快速定位疫病发生的时间、地点及传播路径，为有效防控和扑灭疫病提供依据。疾病防治管理模块主要实现畜禽疾病免疫和诊疗信息的管理，包括增加、修改、删除和历史记录的多条件综合查询，如图 2-67 所示。

功能模块页面左侧导航栏以树状结构展示企业所有养殖圈舍，单击可选定疾病防治信息查询的范围。页面右侧查询条件设定区域进行综合查询条件设定，查询结果区域以表格形式分多页显示查询结果。单击每条查询结果记录前的复选框，可进行结果记录选择，单击"导出""打印"或"删除"按钮可进行选中查询结果的导出、打印或删除；查询结果表格中单击任意行，页面自动跳转到选定疾病免疫或诊疗记录的详细信息管理界面，可实现选定疾病免疫或诊疗记录的详细信息的查询浏览；单击"添加"按钮，页面自动跳转到疾病免疫或诊疗信息添加界面，可实现疾病免疫或诊疗信息的添加。

图 2-67　疾病防治管理界面

（1）疾病免疫信息管理

"免疫记录详细信息管理"页面展示"疾病防治管理"页面表格中选择的养殖场畜禽免疫记录的详细信息，包括圈舍信息、畜禽信息、畜禽编号、免疫和用药等信息（图 2-68）。模块页面左侧导航栏以树状结构展示企业所有养殖圈舍，默认选定"疾病防治管理"页面表格中选择的免疫记录所属的养殖圈舍。页面右侧展示"疾病防治管理"页面表格中选择的免疫记录的详细信息，包括圈舍名称、类别、责任人和挂牌兽医等圈舍信息，圈舍内养殖的畜禽品种、数量、接受免疫的畜禽编号、年龄和平均体重等畜禽信息，免疫病种、免疫阶段、免疫时间等免疫信息，以及疫苗名称、免疫方法、免疫计量和防疫人员等免疫用药信息。

"免疫记录信息添加"页面（图 2-69），用于圈舍名称、类别、责任人和挂牌兽医等圈舍信息，圈舍内养殖的畜禽品种、数量、接受免疫的畜禽编号、年龄和平均体重等畜禽信息，免疫病种、免疫阶段、免疫时间等免疫信息，以及疫苗名称、免疫方法、免疫计量和防疫人员免疫用药信息的录入，实现免疫记录信息的新增。

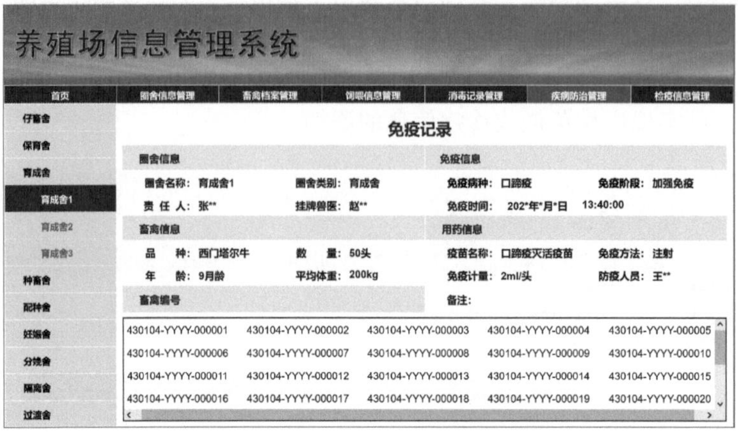

图 2-68　免疫记录详细信息管理界面

图 2-69　免疫记录信息添加界面

（2）疾病诊疗信息管理

　　"诊疗记录详细信息管理"页面展示"疾病防治管理"页面表格中选择的养殖场畜禽诊疗记录的详细信息，包括圈舍信息、诊疗畜禽、畜禽编号、病症和用药等信息（图 2-70）。模块页面左侧导航栏以树状结构展示企业所有养殖圈舍，默认选定"疾病防治管理"页面表格中选择的诊疗记录所属的养殖圈舍。页面右侧展示"疾病防治管理"页面表格中选择的诊疗记录的详细信息，包括圈舍名称、类别、责任人和挂牌兽医等圈舍信息，发病诊疗的畜禽品种、发病数、接受诊疗的畜禽编号、年龄和平均体重等诊疗畜禽信息，病症、病因、诊疗时间等病症信息，以及用药名称、用药方法、诊疗结果和诊疗人员等诊疗用药信息。

图 2-70　诊疗记录详细信息管理界面

"诊疗记录信息添加"页面（图 2-71），用于圈舍名称、类别、责任人和挂牌兽医等圈舍信息，发病诊疗的畜禽品种、发病数、接受诊疗的畜禽编号、年龄和平均体重等诊疗畜禽信息，病症、病因、诊疗时间等病症信息，以及用药名称、用药方法、诊疗结果和诊疗人员等诊疗用药信息的录入，实现诊疗记录信息的新增。

图 2-71　诊疗记录信息添加界面

2.3.6　检疫信息管理

动物检疫在畜禽养殖全过程起着至关重要的作用，是防止疫病传播、控制和消灭动物传染病的关键手段。根据《动物检疫管理办法》，新引进或转入养殖场的畜禽必须经过产地检疫，确认未携带国家规定的重大动物疫病，并持有官方兽医出具的《动物检疫合格证明》，入场后需进行一段时间的隔离观察，确保无异常状况后方可与原有畜群混养。畜禽出栏前必须进行宰前检疫，确认其身体健康状况，达到出栏条件后才能出具《动物检疫合格证明》，允许上市销售或屠宰加工。检疫信息管理模块主要实现养殖场畜禽入场和出栏检疫信息的管理，包括增加、修改、删除和历史记录的多条件综合查询，如图 2-72 所示。

图 2-72　检疫信息管理界面

功能模块页面左侧导航栏以树状结构展示企业所有养殖圈舍，单击可选定检疫信息查询的范围。页面右侧查询条件设定区域进行综合查询条件设定，查询结果区域以表格形式分多页显示查询结果。单击每条查询结果记录前的复选框，可进行结果记录选择，单击"导出""打印"或"删除"按钮可进行选中查询结果的导出、打印或删除；查询结果表格中单击任意行，页面自动跳转到选定检疫记录的详细信息管理界面，可实现选定检疫记录的详细信息的查询浏览；单击"添加"按钮，页面自动跳转到检疫信息添加界面，可实现检疫信息的添加。

（1）入场检疫信息管理

"入场检疫详细信息管理"页面展示"检疫信息管理"页面表格中选择的养殖场畜禽入场检疫记录的详细信息，包括圈舍信息、畜禽信息、畜禽编号、检疫信息、查验材料与疫情调查，以及检疫结果等信息（图 2-73）。页面左侧导航栏以树状结构展示企业所有养殖圈舍，默认选定"检疫信息管理"页面表格中选择的入场检疫记录所属的养殖圈舍。页面右侧展示"检疫信息管理"页面表格中选择的入场检疫记录的详细信息，包括圈舍名称、类别、责任人和入场时间等圈舍信息，入场检疫的畜禽品种、数量、接受入场检疫的畜禽编号、年龄和平均体重等畜禽信息，检疫人员、地点、时间、货主姓名和畜禽原养殖场地等检疫信息，是否强制免疫且在免疫有效期、畜禽标识和养殖档案合规性、原养殖场是否有疫情或处于疫区、临床检查情况和实验室检测情况是否正常等查验材料与疫情调查情况信息，检疫合格数、证书名称、检疫证号码、检疫不合格数、不合格原因、处理方式、检疫记录表（PDF 文件）和检疫合格证书（PDF 文件）等信息。

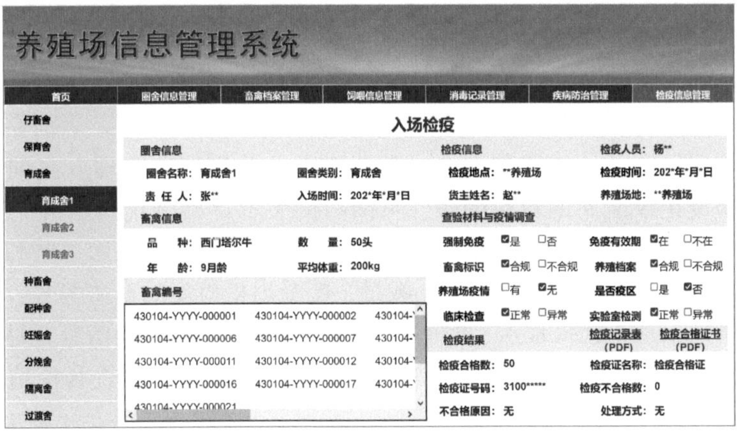

图 2-73　入场检疫详细信息管理界面

"入场检疫记录信息添加"页面（图 2-74），用于圈舍名称、类别、责任人和入场时间等圈舍信息，入场检疫的畜禽品种、数量、接受入场检疫的畜禽编号、年龄和平均体重等畜禽信息，检疫人员、地点、时间、货主姓名和畜禽原养殖场地等检疫信息，是否强制免疫且在免疫有效期、畜禽标识和养殖档案合规性、原养殖场是否有疫情或处于疫区、临床检查情况和实验室检测情况是否正常等查验材料与疫情调查情况信息，检疫合格数、证书名称、检疫证号码、检疫不合格数、不合格原因、处理方式、检疫记录表（PDF 文件）和检疫合格证书（PDF 文件）等信息的新增。

（2）出栏检疫信息管理

"出栏检疫详细信息管理"页面展示"检疫信息管理"页面表格中选择的养

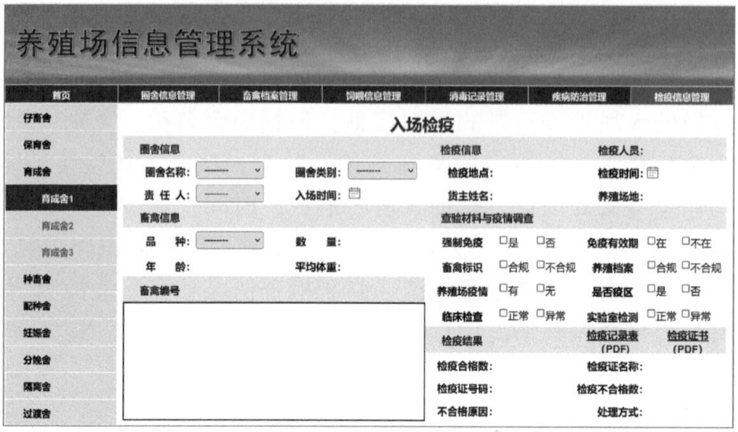

图 2-74　入场检疫记录信息添加界面

殖场畜禽出栏检疫记录的详细信息，包括圈舍信息、畜禽信息、畜禽编号、检疫信息、查验材料与疫情调查，以及检疫结果等信息（图 2-75）。页面左侧导航栏以树状结构展示企业所有养殖圈舍，默认选定"检疫信息管理"页面表格中选择的出栏检疫记录所属的养殖圈舍。页面右侧展示"检疫信息管理"页面表格中选择的出栏检疫记录的详细信息，包括圈舍名称、类别、挂牌兽医和出栏时间等圈舍信息，出栏检疫的畜禽品种、数量、接受出栏检疫的畜禽编号、年龄和平均体重等畜禽信息，检疫地点、时间、人员和出栏去向等检疫信息，是否强制免疫且在免疫有效期、畜禽标识和养殖档案合规性、养殖场是否有疫情或处于疫

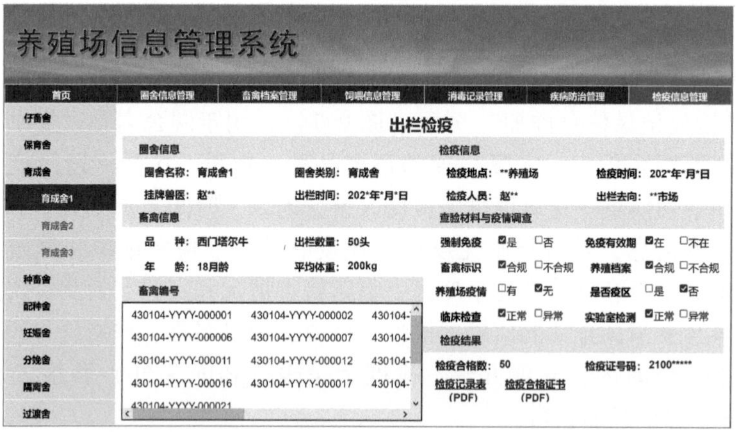

图 2-75　出栏检疫详细信息管理界面

区、临床检查情况和实验室检测情况是否正常等查验材料与疫情调查情况信息，检疫合格数、证书号码、检疫记录表（PDF 文件）和检疫合格证书（PDF 文件）等信息。

"出栏检疫记录信息添加"页面（图 2-76），用于圈舍名称、类别、挂牌兽医和出栏时间等圈舍信息，出栏检疫的畜禽品种、数量、接受出栏检疫的畜禽编号、年龄和平均体重等畜禽信息，检疫地点、时间、人员和出栏去向等检疫信息，是否强制免疫且在免疫有效期、畜禽标识和养殖档案合规性、养殖场是否有疫情或处于疫区、临床检查情况和实验室检测情况是否正常等查验材料与疫情调查情况信息，检疫合格数、证书号码、检疫记录表（PDF 文件）和检疫合格证书（PDF 文件）等信息的新增。

图 2-76 出栏检疫记录信息添加界面

2.4 畜禽养殖环境智能监控子系统

养殖环境直接影响畜禽生长发育、健康状况和养殖效益。精准监测并调控养殖舍温度、湿度、二氧化碳、氨气等关键环境参数，为畜禽创造适宜、舒适的生长空间，对于确保畜禽健康、提高生产效率、保障畜产品安全以及推动畜牧业可持续发展至关重要。随着养殖规模扩大，人工管理的难度和成本急剧增加，环境自动化精准监控技术的引入，极大减少了人工依赖度，有效降低人工成本和劳动强度；同时，促进能源优化使用、减少浪费，符合可持续发展要求。在极端天气或突发疫情时，智能环境监控系统能快速响应，保障生产稳定，提升应对突发事件的能力。

传统养殖模式下，养殖户仅凭经验调控环境温湿度，易造成环境监管不到位、有害气体浓度超标等问题。建立畜禽养殖环境智能监控子系统，采用自动化和信息化手段，实时监测记录舍内环境参数（温湿度、二氧化碳、氨气、硫化氢等）并自动调控，能有效解决人工控制造成的不精准、能源浪费等问题。环境动态监测数据的详尽记录及其深入分析，可助力农场主做出更加科学的管理决策，优化养殖策略，同时也是产品质量安全追溯的一部分，确保养殖过程符合标准，提高消费者信任度。畜禽养殖环境智能监控子系统采用采用密码登录的形式进行角色控制（图2-77），保障不同权限用户的数据管理的安全、准确、高效，系统包含监控设备管理、监控数据可视化、环境监控预警、设备远程控制、数据统计查询和操作日志管理6个功能模块（图2-78）。

图2-77 畜禽养殖环境智能监控子系统登录页界面

图2-78 畜禽养殖环境智能监控子系统导航页界面

2.4.1 监控设备管理

现代化的畜禽养殖场布设了传感器、视频监控等各类智能设备，对畜禽养殖环境的温度、湿度、空气质量、水质等关键指标进行智能实时监控，有助于提高养殖效率和产品质量。监控设备管理模块主要实现养殖场（舍外、各舍区）环境监控设备的统一管理，包括设备的注册、删除、查询、管理等功能。

（1）设备注册

系统提供设备注册功能，允许将新的监控设备添加到系统中，注册需要的设备信息包括设备编号、名称、类别、使用状态、监控数据、责任人、备注、图片等信息，便于管理者对设备进行统一管理（图2-79）。

图 2-79　设备信息注册界面

（2）设备定位和查询

系统提供设备定位和地图展示功能（图2-80），通过模块页面左侧"养殖场平面图"查看养殖圈舍整体布局，同时展示监控设备的位置信息，方便用户查看设备分布情况和定位故障设备。页面右侧查询条件设定区域可以进行综合查询条件设定，查询结果区域以表格形式分多页显示设备信息的查询结果，默认展示养殖场所有设备信息记录。单击"导出"或"打印"按钮可进行查询结果的导出和打印。

图 2-80　设备定位和查询界面

(3) 设备管理

系统提供设备信息管理功能，用户可通过设定综合查询条件查询相应的设备信息，在查询结果表格中单击最左侧一列"选择"按钮选择需要进行管理的设备后，单击"添加"按钮可实现设备信息的添加；单击"修改"按钮可进行选定设备信息的修改，单击"删除"按钮可实现选定设备信息的删除（图 2-81）。

图 2-81　设备管理界面

2.4.2 监控数据可视化

养殖场内布设了视频监控摄像头、温度湿度监测器、空气质量监测器、光照监测器、水质监测器等环境监控传感设备用于实时监测养殖场的环境，帮助养殖户及时发现异常情况，并采取相应的措施处理。监控数据可视化模块主要实现环境监控数据的实时展示，包括温度、湿度、紫外线、二氧化碳浓度、氨气浓度、硫化氢浓度、天气状况、在线传感器数量、值班人员等（图 2-82）。

图 2-82　监控数据可视化界面

（1）实时视频监控

系统提供养殖场实时视频监控界面，管理员可通过电脑或者手机远程登录畜禽养殖环境智能监控子系统查看养殖场所的实时监控视频，可实时监测养殖场的整体情况，包括畜禽的行为、生长情况等（图 2-83）。

（2）实时传感器数据

系统提供养殖场实时传感器数据界面，管理员可通过计算机或者手机远程登录畜禽养殖环境智能监控子系统查看养殖场所的实时环境数据（图 2-84）。温度和湿度监测器用于监测养殖环境中的温度和湿度水平，确保养殖环境温湿度适宜，为畜禽提供良好的生长条件。空气质量监测器用于监测养殖环境中的空气质量，包括氨气、二氧化碳等有害气体的浓度，以便及时发现空气污染问题，预防畜禽疾病的发生。光照监测器用于监测养殖环境中的光照水平。对于某些畜禽品种，光照水平对其生长发育和行为有重要影响，因此监测光照水平可以帮助养殖户调整照明设备，提供适宜的光照环境。水质监测器用于监测养殖场畜禽饮水的水质状况，包括水温、pH、溶解氧等参数。

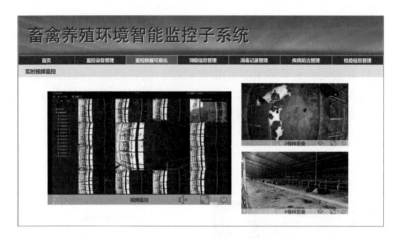

图 2-83　实时视频监控界面

图 2-84　实时传感器数据界面

2.4.3　环境监控预警

　　畜禽养殖环境中存在诸如温度波动、湿度异常、有害气体浓度超标等多种异常情况，这些异常情况如果不能及时发现和处理，可能会导致畜禽的健康问题。通过养殖环境智能监控系统可以实时监测环境参数，并在出现异常情况时及时发出预警，帮助养殖户快速采取应对措施。环境监控预警模块主要实现监控设备故障、环境数据异常时的预警功能，包括预警规则设置、实时预警信息展示、预警信息历史记录查询、管理等。

（1）自定义预警规则

系统允许用户自定义预警规则，包括设置异常情况的阈值、触发条件、预警方式等，用户可根据具体需求设置不同的预警规则，以适应不同的养殖环境和管理需求（图2-85）。

图 2-85　自定义预警规则界面

（2）实时预警信息展示

系统能够自动检测养殖环境中的各种异常情况（如温度、湿度、二氧化碳、氨气、硫化氢浓度等指标超过预设阈值以及设备故障等其他突发事件）并提供实时预警信息展示功能，显示养殖环境的当前状态和异常情况，一旦出现异常情况，系统可以根据预警规则，通过手机短信、系统消息等方式及时提醒管理者。此外，系统还会根据预警信息，智能化提供建议操作（图2-86）。

（3）预警信息管理

系统提供预警信息管理功能，允许用户进行历史预警信息记录的查询、修改、删除和智能分析等操作（图2-87）。系统还会根据预警信息的历史记录分析异常情况的发生原因和趋势，并智能地提供优化建议，帮助用户改善养殖环境，预防异常情况的发生。例如，根据空气质量数据分析提供通风调节、合理投喂、及时清理等建议。

图 2-86　实时预警信息展示界面

图 2-87　预警信息管理界面

2.4.5　设备远程控制

系统提供设备远程控制功能，养殖人员无需现场操作即可通过远程方式实现对环境监控设备的控制和管理，提高了操作的便捷性和灵活性。

（1）设备状态展示

设备状态展示模块显示系统中所有可远程控制的设备列表，包括设备名称、编号、所属监控点、状态、上次控制时间、任务等信息（图 2-88）。用户可以设定设备编号、名称、所属监控点、责任人等查询条件进行相关设备的查询。系统界面显示设备的当前状态，包括在线/离线状态、工作状态、参数设置等信息，确保用户可以及时了解设备的运行情况。

图 2-88　设备状态显示界面

（2）设备远程控制

系统提供远程控制各类环境监控设备的功能，包括定时开关机、设备参数调节、设置常规定时任务等操作（图 2-89）。用户可以根据养殖场实时环境参数，及时调节设备参数。在系统发出环境预警信息后，用户可以通过系统界面远程控制设备，无需现场操作，方便快捷，提高工作效率。

图 2-89　设备远程控制界面

(3) 设备任务管理

系统提供设备任务管理功能，用户可以设定任务名称、任务时间、任务状态、责任人等查询条件进行相关设备任务记录的查询，以及进行任务记录的增加、修改、删除、导出、打印等操作（图2-90）。此外，用户还可以根据养殖需要设置定时任务或事件触发任务，实现远程设备的自动化控制和调度，提高系统的智能化程度。

图2-90　设备任务管理界面

2.4.5　数据统计查询

系统提供历史数据统计查询功能，将温度、湿度、空气质量、光照强度、设备工作状态、告警记录等历史数据通过数据表格、折线图、柱状图等形式展示，使用户能够直观地了解养殖环境的变化趋势和关键指标的变化情况。这些历史数据的展示有助于养殖人员对养殖环境进行监测和分析，及时发现问题并采取相应的措施，以保障畜禽的健康和生产效率。

(1) 环境历史数据

用户可以在环境历史数据模块设定数据类型、时间范围等查询条件进行养殖环境历史数据的查询，包括温度、湿度、空气质量、光照强度等传感器在过去一段时间内的历史数据（图2-91）。系统会统计出设置查询时间段内的平均数据、最高数值和最低数值，并通过数据表格、折线图、柱状图等形式展示的数据变化趋势图表。查询后用户可进行环境历史数据的增加、修改、删除、导出、打印等操作。

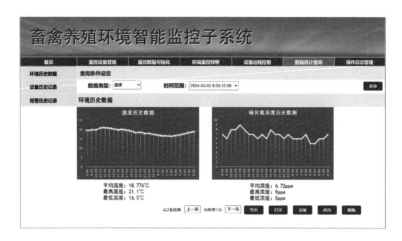

图 2-91　环境历史数据界面

（2）设备历史记录

用户可以在设备历史记录模块设定设备类型、设备编号、历史任务时间等查询条件进行设备历史记录的查询（图 2-92）。系统会显示出过去一段时间内各监控设备的历史记录，包括设备在线/离线状态、运行时间、异常情况记录等。查询后用户可进行设备历史记录的增加、修改、删除、导出、打印等操作。

图 2-92　设备历史记录界面

（3）报警历史记录

用户可以在报警历史记录模块设定监控点、传感器设备类型、报警时间等查询条件进行报警历史记录的查询（图 2-93）。系统会显示出所查询时间段内相应监控设备的历史报警记录，包括出现报警记录的监控点位置、传感器设备信息、报警信息、报警时间、处理时间、处理人、处理操作等记录。查询后用户可进行报警历史记录的增加、修改、删除、导出、打印等操作。

图 2-93   报警历史记录界面

2.4.6   操作日志管理

系统提供操作日志管理功能模块，用于记录系统中的操作日志，包括用户的操作行为、系统的运行状态、设备的控制操作等。操作日志可以作为安全审计的重要依据，用于追踪用户行为和系统操作，以便系统管理员进行日常管理、故障排查，保障系统的安全性和稳定性。

（1）用户操作日志

系统记录所有用户的操作行为，包括登录、查看数据、设置参数、远程控制设备等操作。每条日志记录包括操作人员、操作时间、操作内容、操作结果等信息。用户可以通过设定操作人员、操作时间、操作设备等查询条件进行用户操作日志的查询，查询后可进行用户操作日志记录的增加、修改、删除、导出、打印等操作（图 2-94）。

（2）设备操作日志

系统记录用户对监控设备进行的各项控制操作，包括远程开关机、调节设备参数等操作。每条设备操作日志记录包括被操作设备编号、设备名称、所属监控点、设备参数、操作前设备状态、操作人员、操作时间、操作内容、操作结果、操作后设备状态等信息，从而帮助系统管理员更加清晰地了解设备的操作情况和状态变化。该模块支持用户根据设备编号、设备名称、操作人员、操作内容、操作时间等条件进行日志搜索和过滤，方便用户快速查找需要的操作记录。查询后可进行设备操作日志记录的增加、修改、删除、导出、打印等操作（图2-95）。

图 2-94 用户操作日志界面

图 2-95 设备操作日志界面

2.5 种畜禽管理子系统

种畜禽是畜牧业发展的基石。根据《中华人民共和国畜牧法》，从事种畜禽生产经营或者生产经营商品代仔畜、雏禽的单位、个人，应当取得种畜禽生产经营许可证，具有完善的质量管理和育种记录制度。详细记录种畜禽生长、繁殖和健康状况，高效管理生产数据、精准追踪繁育过程，能有效提高养殖效率和管理水平，保护遗传多样性，促进优质种质资源合理利用和改良。

随着种畜禽养殖的规模化发展，纸质记录管理的方式低效且标准化程度低，不利于场内种畜禽的生产管理。因此，建立种畜禽管理子系统，采用信息化的手段，实现种畜禽全生命周期信息数字化采集和流程化管理，可有效提高养殖场信息管理和统计查询效率。种畜禽管理子系统采用密码登录的形式进行角色控制（图2-96），保障不同权限用户的数据管理的安全、准确、高效，系统包含新增信息管理、淘汰信息管理、死亡记录、繁殖信息管理、良种信息管理和畜禽疾病防治6个功能模块（图2-97）。

图 2-96　种畜禽管理子系统登录界面

图 2-97　种畜禽管理子系统导航页界面

2.5.1 新增信息管理

详细记录良种畜禽个体生长性能、健康状况、繁殖能力、疾病历史和谱系等信息，对于提高养殖效率、预防和控制疫病、高效利用优良基因、保护遗传多样性至关重要。新增信息管理模块，主要实现养殖场内种畜禽个体信息的添加，包括基本信息（个体号、芯片号、性别、胎次、出生日期等）、留种信息（种用状态、同胞数、使用方向等）、谱系信息（父亲、母亲、原种详情等）及其他信息（价格、默认照片地址等）。按照页面要求填写完整信息后，点击"保持"按钮，即可进行种畜禽个体信息的新增，如图 2-98 所示。

图 2-98 新增信息管理界面

2.5.2 淘汰信息管理

随年龄或使用周期增加，种畜禽繁殖、生长及生产性能逐渐下降。淘汰低效个体，引入或保留优种，可以加速遗传改良进程，提升品种质量，满足市场对高产、抗病、优质遗传特性的需求。同时，淘汰老龄或病弱个体，也是维护种群整体健康和福利的一部分。种畜禽淘汰策略需综合考量经济效益、遗传优化、疾病防控和动物福利，对畜牧业可持续发展至关重要。淘汰信息管理模块主要记录种畜禽淘汰情况，包括淘汰种畜的个体号、状态、品种、批次、最近分娩日期、淘汰年龄、淘汰原因、处理方法、处理人、处理时间等信息（图 2-99）。页面默认展示养殖场所有种畜禽淘汰信息，单击表格空白行，可进行种畜禽淘汰信息记录的添加；点击表格上方的"编辑"和"删除"按钮，可实现选定种畜禽淘汰信息记录的编辑和删除；点击表格上方的"导入"和"导出"按钮，可完成种畜禽淘汰信息记录的批量导入和导出操作。

图 2-99 淘汰信息管理界面

2.5.3 死亡信息记录

种畜禽死亡记录管理是畜牧业管理不可或缺的一环，不仅关乎畜牧业日常运营效率，更是保障动物福利、疾病防控、法律遵循和产业可持续发展的基础。系统化地记录和分析，可有效提升行业管理水平和风险应对能力，识别饲养管理的问题，如营养不足、环境控制不当、应激管理不善等，及时发现潜在的疫情或疾病暴发，计算死亡损失，评估畜禽生产的经济效益，为制定优化管理措施提供依据。死亡信息记录模块主要管理种畜禽死亡处置记录，包括种畜禽个体号、死亡原因、死亡日期、死亡年龄、处理方法、保险金额、处理人、处理日期、记录人、记录时间等信息（图 2-100）。页面默认展示养殖场所有种畜禽死亡记录，单击表格空白行，可进行种畜禽死亡记录添加；点击表格上方的"编辑"和"删除"按钮，可实现选定种畜禽死亡记录的编辑和删除；点击表格上方的"导入"和"导出"按钮，可完成种畜禽死亡记录批量导入和导出操作。

2.5.4 繁殖信息管理

良种繁殖是通过科学的方法和系统性的育种计划，培育和繁殖具有优良遗传

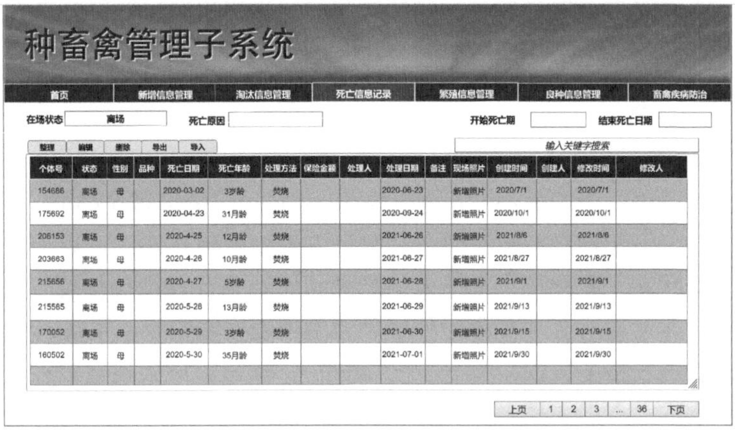

图 2-100　死亡信息管理界面

特性的畜禽，旨在提高畜禽的生产性能、适应性、抗病性以及产品品质。通过种畜禽的优选、遗传评估、配种管理、胚胎技术应用、性能测定等措施，实现畜禽良种繁殖，确保品种持续改良和畜牧业高效可持续发展。繁殖信息管理模块主要记录管理种畜禽的发情、配种、妊娠检查、分娩和仔畜等信息。

（1）发情记录

详细的发情记录有助于准确把握最佳配种时机，减少空怀率。发情记录模块主要管理种畜禽的个体号、发情类型、胎次、情期、泌乳天数、距配种天数、圈舍号、观察人、观察日期等信息（图 2-101）。页面默认展示养殖场所有种畜禽

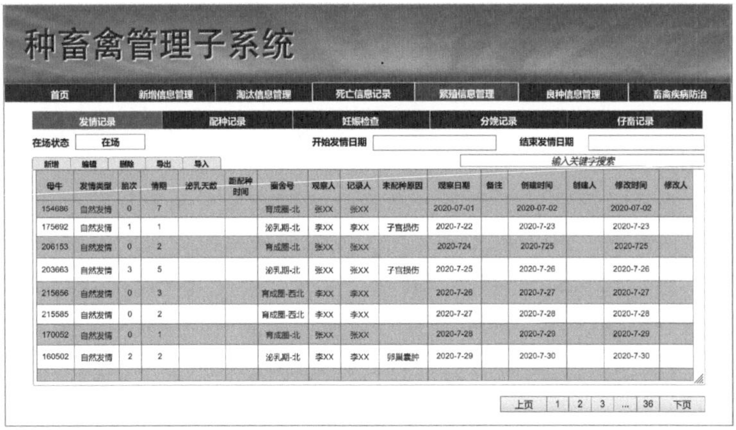

图 2-101　繁殖信息管理：发情记录界面

发情记录，单击表格空白行，可进行种畜禽发情记录添加；点击表格上方的"编辑"和"删除"按钮，可实现选定种畜禽发情记录的编辑和删除；点击表格上方的"导入"和"导出"按钮，可完成种畜禽发情记录批量导入和导出操作。

（2）配种记录

准确的配种记录有助于追踪遗传血统、准确预测分娩日期、提高产仔率和仔畜成活率，提升整体生产效率。配种记录模块主要记录母畜个体号、繁育状态、胎次、配次、公畜配种号、配种圈舍、配种方式、配种日期、产后配种天数、发情类型、子宫状态、配种员、责任人、配种状态、预产日期等信息（图2-102）。页面默认展示养殖场所有种畜禽配种记录，单击表格空白行，可进行种畜禽配种记录添加；点击表格上方的"编辑"、"删除"、按钮，可实现选定种畜禽配种记录的编辑和删除；点击表格上方的"导入"和"导出"按钮，可完成种畜禽配种记录的批量导入和导出操作。

图2-102　繁殖信息管理：配种记录界面

（3）妊娠检查

妊娠检查能及时识别妊娠状态，准确的妊娠记录有助于制定更精确的生产计划，如预测分娩日期，提前准备接产和哺乳管理，确保仔畜的成活率和健康。妊娠检查模块主要记录母畜个体号、圈舍、胎次、公畜个体号、配种日期、配种员、妊娠日期、检测方法、妊娠结果、妊娠员、妊娠类型等信息（图2-103）。页面默认展示养殖场母畜所有妊娠记录，单击表格空白行，可进行母畜妊娠记录的添加；点击表格上方的"编辑"和"删除"按钮，可实现选定母畜妊娠记录的编辑和删除；点击表格上方的"导入"和"导出"按钮，可完成母畜妊娠记录的批量导入和导出。

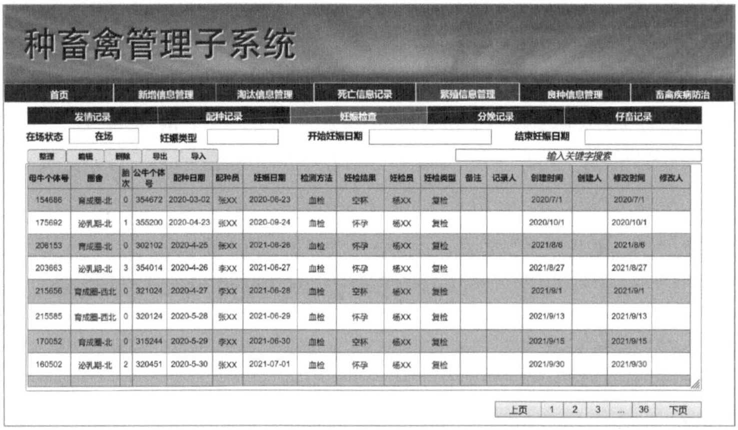

图 2-103 繁殖信息管理：妊娠检查界面

（4）分娩记录

详细的分娩记录有助于及时发现并处理分娩中的异常情况，预防产后疾病，保障母畜和仔畜的健康。分娩记录模块主要记录母畜个体号、胎次、分娩日期、活仔数、死胎数、顺产、胎衣情况、配种日期、公畜个体号、转入圈舍、接生员、上次分娩日期、妊娠天数、产犊情况、分娩仔畜等信息（图 2-104）。页面默认展示养殖场母畜所有分娩记录，单击表格空白行，可进行母畜分娩记录的添加；点击表格上方的"编辑"和"删除"按钮，可实现选定母畜分娩记录的编辑和删除；点击表格上方的"导入"和"导出"按钮，可完成母畜分娩记录的批量导入和导出操作。

图 2-104 繁殖信息管理：分娩记录界面

（5）仔畜记录

仔畜记录有助于跟踪仔畜的成长发育，及时发现并处理弱仔，提高成活率。同时，有助于评估母畜的繁殖性能，识别高产、健康、生长快的遗传特性，为遗传改良和选种工作提供依据。仔畜记录模块主要记录仔畜个体号、品种、圈舍、出生日期、出生时间等信息（图2-105）。页面默认展示养殖场所有仔畜详细记录信息，单击表格空白行，可进行新生仔畜记录的添加；点击表格上方的"编辑"和"删除"按钮，可实现选定仔畜记录信息的编辑和删除；点击表格上方的"导入"和"导出"按钮，可完成仔畜记录的批量导入和导出操作。

图2-105 繁殖信息管理–犊牛记录界面

2.5.5 良种信息管理

根据《中华人民共和国畜牧法》，省级以上畜牧兽医技术推广机构应当组织开展种畜质量监测、优良个体登记，向社会推荐优良种畜。优良种畜登记是遗传改良的基石，通过科学管理和选育策略，确保种畜遗传质量持续提升，为畜牧业可持续发展奠定基础。良种信息管理模块主要实现优良种畜的性能测定、良种鉴定、良种登记信息的管理，以及证书打印和电子证书管理功能。

（1）性能测定

性能测定是优良种畜筛选的关键步骤和基础工具，其作用在于客观、系统地评估种畜的生产性能和遗传潜力，为选种、配种和遗传改良提供科学依据。性能测定模块主要管理优良种畜的个体号、芯片号、性别、出生日期、品种、等级、测定日期、测定月龄、体重、体高、体直长、体斜长、胸围、臀围、腹围、毛色等信息（图 2-106）。页面默认展示养殖场所有优良种畜的性能测定记录，单击表格空白行，可进行优良种畜性能测定记录添加；点击表格上方的"编辑"和"删除"按钮，可实现选定优良种畜性能测定记录的编辑和删除；点击表格上方的"导入"和"导出"按钮，可完成优良种畜性能测定记录批量导入和导出操作。

图 2-106　良种信息管理：性能测定界面

（2）良种鉴定

经过良种鉴定的优良种畜具备高生产性能、良好的繁殖能力和健康状况等遗传特性，是遗传改良和种群优化的基础。良种鉴定信息的准确记录和分析，有助于识别和跟踪优良遗传资源，优化繁殖组合，提高繁殖效率和后代性能，提升畜群的生产效率和经济效益。良种鉴定模块主要管理良种畜禽的个体号、申请人、申请日期、申请结果、审核人、审核日期等鉴定信息（图 2-107）。页面默认展示养殖场所有种畜的良种鉴定记录，单击表格空白行，可进行良种鉴定记录添加；点击表格上方的"编辑"和"删除"按钮，可实现选定良种鉴定记录的编辑和删除；点击表格上方的"导入"和"导出"按钮，可完成良种鉴定记录批量导入和导出操作。

（3）良种登记

良种登记是对具有优良遗传特性的畜禽品种进行正式记录和管理，由省级以上畜牧兽医技术推广机构组织实施，旨在系统收集、整理和管理畜禽的遗传信息。采用电子化的形式管理良种登记数据，可显著提升良种信息的管理效率与准确性，有效追踪种畜的遗传背景，帮助识别和选择具有优良遗传特性的个体，确保遗传资源的有序管理和保护，避免优良基因流失，加速遗传改良进程。良种登记模块主要管理良种畜禽的个体号、审核人、审核日期、证件等良种登记信息（（图2-108）。页面默认展示养殖场所有种畜良种登记的记录，单击表格空白行，可进行良种登记记录添加；点击表格上方的"编辑"和"删除"按钮，可实现选定良种登记记录的编辑和删除；点击表格上方的"导入"和"导出"按钮，可完成良种登记记录的批量导入和导出操作。

图 2-107　良种信息管理：良种鉴定界面

图 2-108　良种信息管理：良种登记界面

(4) 证书管理

　　种畜禽精细化管理，涉及种畜卡、合格证、系谱证、健康证等一系列关键证明，详尽记录种畜禽健康状态、遗传优越性和生产性能。证书通常由官方兽医或权威认证机构审核后颁发，是品质与安全的保证，也是种畜禽交易、展览展示或参加高端育种计划时不可或缺的凭证。种畜卡记录种畜禽的品种、出生日期、性别、父母信息、个体识别号码等基本信息，有助于追踪和管理种畜禽的遗传背景和生产表现；系谱证详细记录了种畜禽的家族历史，包括其祖先的品种、性能记录和遗传特征，有助于育种者了解个体的遗传潜力和可能的遗传缺陷；健康证是证明种畜禽已经通过了特定的健康检查，不携带某些疾病或病原体，对于防止疾病传播和维护畜群健康至关重要；合格证是证明种畜禽符合特定健康和遗传标准的官方文件，涉及一系列的健康检查和遗传评估，确保畜禽种类纯正、病害无害、质量优良。

现代畜牧业将种畜禽所有证书数字化，便于管理和追踪。证书管理模块主要实现种畜禽的种畜卡、合格证、系谱证、健康证等各类证书的管理，包括添加、删除、查询预览和打印等功能（图 2-109）。在下拉框中选择对应养殖圈舍，输入要查询的种畜禽个体号，点击"查询"按钮，即可在下方框图中预览相应证书。页面左侧是证书导航栏，选择待查询的证书类型，右侧框图中预览对应的证书，点击"上传"按钮可补充相应证书，点击"删除"按钮可删除过期作废证书。点击"打印"按钮，可实现证书的预览和打印。

图 2-109　良种管理：证书管理界面

"证书打印"页面主要实现种畜禽的种畜卡、合格证、系谱证、健康证等各类证书的打印。页面右侧可进行打印参数的设置，左侧同步展示打印预览，单击"另存为 PDF"或"打印"按钮，可将参数设置后的证书导出为 PDF 文件或直接打印（图 2-110）。

图 2-110　良种管理：证书打印界面

2.5.6　畜禽疾病防治

种畜禽是畜禽品种改良的基础，对于维持遗传多样性、保护珍贵种质资源至关重要。疾病暴发可能导致种群波动，影响种群结构的稳定性。完整的疾病防治记录是评估种畜禽疾病预防措施有效性，快速定位疫病发生的时间、地点、传播路径，有效防控和扑灭疫病，调整饲养管理和防疫策略，提高整体生物安全水平的重要依据。种畜禽疾病防治功能包含"疾病免疫信息管理"和"疾病诊疗信息管理"2 个模块，具体功能与"畜禽养殖档案信息化管理子系统"的"疾病防治管理"模块相同，详见 2.3.5 节。

2.6　病死畜禽无害化处理子系统

病死畜禽无害化处理是维护公共卫生安全、生态环境、食品安全和畜牧业可持续发展的重要措施。病死畜禽携带多种病毒、细菌等病原体，如果不进行无害化处理，病原体可通过土壤、水源等途径传播，可能引发动物疫情或人畜共患病，对人类健康构成威胁。根据《病死畜禽和病害畜禽产品无害化处理管理办法》，染疫或者疑似染疫死亡、因病死亡或者死因不明的，经检疫、检验可能危害人体或者动物健康的，因自然灾害、应激反应、物理挤压等因素死亡的，屠宰过程中经肉品品质检验确认为不可食用的死胎、木乃伊胎等，因动物疫病防控需要被扑杀或销毁的，以及其他应当进行无害化处理的畜禽和畜禽产品，均应进行无害化处理。

  病死畜禽无害化处理涉及收集、暂存、转运、处理等多个环节，手工记录信息存在数据透明度不高、处理效率低等问题，处理流程中申报、审批、补贴发放等环节需要等待的时间较长、手续繁琐，严重影响病死畜禽无害化处理的及时性和养殖户的积极性。因此，建立病死畜禽无害化处理子系统，构建程序化操作、及时化监管、精准化补助的工作流程，采用信息化手段规范病死畜禽无害化处理，可有效提升病死畜禽无害化处理的工作效率和监管能力。病死畜禽无害化处理子系统采用密码登录的形式进行角色控制（图2-111），保障不同权限用户数据管理的安全、准确、高效，系统包含中心（站、点）查询、处理信息申报、运输定位查询和处理补贴申请4个功能模块（图2-112）。

图2-111 病死畜禽无害化处理子系统登录页界面

图2-112 病死畜禽无害化处理子系统导航页界面

2.6.1 中心（站、点）查询

根据《病死畜禽和病害畜禽产品无害化处理管理办法》，省级人民政府农业农村主管部门应编制病死畜禽和病害畜禽产品集中无害化处理场所建设规划，合理布局病死畜禽无害化处理场。为有效适应不同地区和养殖规模，确保处理过程安全、环保和高效，病死畜禽无害化处理设施一般分为处理中心、处理站和处理点3类。处理中心规模较大、处理能力较强，具备更先进的技术和设备，能够采用多种无害化处理方法（高温焚烧、高压灭菌等），服务范围广泛，往往覆盖一个县、市乃至更广的区域，是地区无害化处理的枢纽；处理站在规模和处理能力上略小于处理中心，但同样具备专业的无害化处理能力，专注于特定类型的畜禽处理或服务于特定区域，服务范围相对有限，主要面向周边的养殖场、屠宰场，提供较为专业的处理服务；处理点是服务于特定区域或养殖场的收集暂存点（临时存储或初步消毒），规模较小、具备一定的储存条件、清洗消毒设施设备及符合动物防疫要求的其他设施设备，常设立在乡镇或小型养殖点附近，便于快速响应和临时处理。

快速定位并筛选到满足需求且经官方认证的病死畜禽无害化处理中心（站、点），对病死畜禽进行及时处理，能有效遏制疫病蔓延，降低由此引发的畜禽群体感染风险。对于畜禽养殖者而言，病死畜禽的无害化处理是承担社会责任、恪守法律法规的必然要求，更是确保养殖事业稳健发展的关键。中心（站、点）查询模块以电子地图的形式，直观展示病死畜禽无害化处理资源的分布情况，提供每个处理中心（站、点）的详细信息、运营情况及联系方式，帮助用户判断是否能够满足其处理需求，方便快速做出决策。在中心（站、点）查询导航页（图2-113），单击处理中心、处理站或处理点的图标，可进入对应类别病死畜禽无害化处理设施页面。

（1）无害化处理中心

"无害化处理中心"页面以电子地图的形式，直观展示病死畜禽无害化处理中心的分布情况及各处理中心的相关信息（图2-114）。页面左侧导航栏展示病死畜禽无害化处理设施类型（处理中心、处理站、处理点），通过单击选中的方式进行病死畜禽无害化处理设施类型的选择，默认选中"无害化处理中心"；页面中间以电子地图的形式展示病死畜禽无害化处理中心的分布情况，地图可上下左右移动、放大或缩小；右侧列表同步展示地图可视范围内的病死畜禽无害化处理中心的名称和地址信息，距离地图中心点越近的处理中心，在列表中的排序越靠前。

图 2-113　中心（站、点）查询导航页界面

图 2-114　无害化处理中心界面

单击"无害化处理中心"页面中间地图的任意处理中心图标、或页面右侧列表的任意处理中心信息列表框，弹出"无害化处理中心详细信息展示"页面。页面展示选定处理中心的详细地址、运营情况、联系方式和简介等信息（图 2-115），便于用户快速选择满足处理需求的处理设施。

（2）无害化处理站

"无害化处理站"页面以电子地图的形式，直观展示病死畜禽无害化处理站的分布情况及各处理站的相关信息（图 2-116。页面左侧导航栏展示病死畜禽无害化处理设施类型（处理中心、处理站、处理点），通过单击选中的方式进行病死畜禽无害化处理设施类型的选择，默认选中"无害化处理站"；页面中间以电子地图的形式展示病死畜禽无害化处理站的分布情况，地图可上下左右移动、放大或缩小；右侧列表同步展示地图可视范围内的病死畜禽无害化处理站的名称和地址信息，距离地图中心越近的处理站，在列表中的排序越靠前。

图 2-115　无害化处理中心详细信息展示界面

图 2-116　无害化处理站界面

单击"无害化处理站"页面中间地图的任意处理站图标、或页面右侧列表的任意处理站信息列表框，弹出"无害化处理站详细信息展示"页面。页面展示选定处理站的详细地址、运营情况、联系方式和简介等信息（图 2-117），便于用户快速选择满足处理需求的处理设施。

图 2-117　无害化处理站详细信息展示界面

(3) 无害化处理点

"无害化处理点"页面以电子地图的形式，直观展示病死畜禽无害化处理点的分布情况及各处理点的相关信息（图 2-118）。页面左侧导航栏展示病死畜禽无害化处理设施类型（处理中心、处理站、处理点），通过单击选中的方式进行病死畜禽无害化处理设施类型的选择，默认选中"无害化处理点"；页面中间以电子地图的形式展示病死畜禽无害化处理点的分布情况，地图可上下左右移动、放大或缩小；右侧列表同步展示地图可视范围内的病死畜禽无害化处理点的名称和地址信息，距离地图中心越近的处理点，在列表中的排序越靠前。

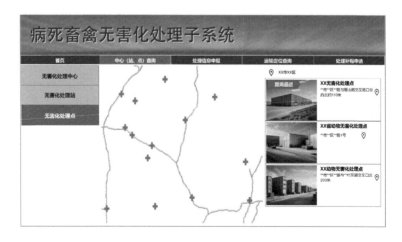

图 2-118　无害化处理点界面

单击"无害化处理点"页面中间地图的任意处理站图标、或页面右侧列表的任意处理站信息列表框，弹出"无害化处理点详细信息展示"页面。页面展示选定处理点的详细地址、运营情况、联系方式和简介等信息（图2-119），便于用户快速选择满足处理需求的处理设施。

图 2-119　无害化处理点详细信息展示界面

2.6.2　处理信息申报

根据《病死畜禽和病害畜禽产品无害化处理管理办法》，从事畜禽饲养、屠宰、经营、隔离以及病死畜禽和病害畜禽产品收集、无害化处理的单位和个人，应当建立台账，详细记录病死畜禽和病害畜禽产品的种类、数量（重量）、来源、运输车辆、交接人员和交接时间、处理产物销售情况等信息，且台账记录保存期不少于二年。

处理信息申报模块主要实现病死畜禽无害化处理信息的线上申报（图2-120），摒弃传统纸质申报的烦琐与不便，提升申报效率与便捷性，促进信息处理的快速响应与高效管理。页面菜单左下方单击"⊙"图标，进行申报单位所在地选择（图2-121）。病死畜禽无害化处理申报需填报的信息包括：申报单位、联系方式、责任人和单位地址等养殖场（户）基本信息，处理场、处理时间、操作人员和畜禽病死原因等无害化处理信息，病死畜禽的类型、数量、重量、编号、备注等畜禽病死信息，同时，需拍照上传真实的现场情况，并上传畜禽病害处理报告。预约移送时间并选择病死畜禽的无害化处理方式（默认选择生物降解）后，系统根据填报信息，自动计算预计上门时间。勾选当地政府关于无害化处理的政策，系统自动弹出"地方政府病死畜禽无害化处理政策阅读"页面（图2-122），用户阅读政策后，单击"提交"按钮，实现病死畜禽无害化处理信息申报。

图2-120　处理信息申报界面

图2-121　申报单位所在地选择界面

信息填写完毕并单击"提交"按钮后，系统自动校验填写的申报信息，减少人为错误和信息延误，提高数据质量。校验不合格，弹出提示框，显示不合格原因；校验合格，系统自动跳转到信息提交成功提示页（图2-123），页面提供"查看移送凭证单"链接。

图 2-122　地方政府病死畜禽无害化处理政策阅读界面

图 2-123　信息提交成功提示页界面

　　信息提交成功提示页单击"移送凭证单"选项,系统跳转至"移送凭证单"页面(图 2-124),自动生成移送凭证单(两联),展示移送的病死畜禽类型、检出原因、编号、数量(重量)、移送日期、接受日期、运输人员、接收人和移交人等信息。单击"导出"按钮,可将移送凭证单导出成 PDF 文件;单击"打印"按钮,可进行移送凭证单的打印,第一联经养殖场人员签字确认后交由无害化处理接收人员收存,第二联由养殖场保存。

图 2-124　移送凭证单界面

2.6.3　运输定位查询

根据《病死畜禽和病害畜禽产品无害化处理管理办法》，病死畜禽专用运输车辆应当配备能够接入国家监管监控平台的车辆定位跟踪系统、车载终端。实时跟踪并精确定位运输车辆的位置及其行驶路线，对病死畜禽运输车辆进行全程监控，确保运输过程符合动物防疫和环境保护要求，提升运输过程的合规性和透明度，能有效保障运输安全，防止病死畜禽被盗或丢失，避免其通过非法渠道进入食品链，对消费者健康安全构成潜在威胁。

运输定位查询模块主要实现病死畜禽无害化处理运输车辆的实时跟踪和精确定位（图 2-125）。页面左侧导航栏可进行历史订单选择，包含正在运输途中的未完成订单和已完成运输的历史订单；页面右侧多条件查询面板用于订单编号、起止时间等多条件综合查询设定；页面中部地图显示查询订单的运输车辆定位和路线，下部显示运输车辆的车牌号、所属单位、消毒情况、运输责任人、联系方式、无害化处理单位地址，以及申报病死畜禽的类型、数量和移交信息。

2.6.4　处理补贴申请

根据《病死畜禽和病害畜禽产品无害化处理管理办法》，县级以上人民政府农业农村主管部门应当落实病死畜禽无害化处理财政补助政策，对病死畜禽的无害化处理给予一定经济支持，以降低处理成本，鼓励和支持相关单位和个人积极

图 2-125　运输车辆跟踪及精确定位界面

参与无害化处理工作。病死畜禽无害化处理补贴的申请，需要提交申请表、动物死亡证明、病死畜禽无害化处理证明、无害化处理方式说明，以及相关照片或视频等必需的文件和证明材料，纸质材料的准备、提交和审批，时间和人力成本均较高，效率低下。

处理补贴申请模块主要实现病死畜禽无害化处理补贴的线上申请（图 2-126），方便快速提交材料，不受时间和地点限制，提高补贴申领效率。病死畜禽无害化处理补贴申请需填报的信息填写完毕后，若信息填写有误，可直接修改错误项，或单击"重置"按钮，系统自动清空所有填报信息；信息确认无误后，

图 2-126　病死畜禽无害化处理补贴申请界面

单击"提交"按钮，完成病死畜禽无害化处理补贴申请信息的填报，系统自动校验填写的申请信息。校验不合格，弹出提示框，提示不合格原因；校验合格，系统自动跳转到信息提交成功提示页（图2-127），页面提供"查看病死畜禽无害化处理财政补贴申请表"链接。

图2-127 信息提交成功提示页界面

在信息提交成功提示页单击"查看病死畜禽无害化处理财政补贴申请表"链接，系统跳转至"病死畜禽无害化处理财政补贴申请表"页面（图2-128），根据申报审批信息自动生成"XX市/县病死畜禽无害化处理财政补贴申请表"，展示申领人姓名、联系电话、订单编号、户名、开户行、账号；病死畜禽的类

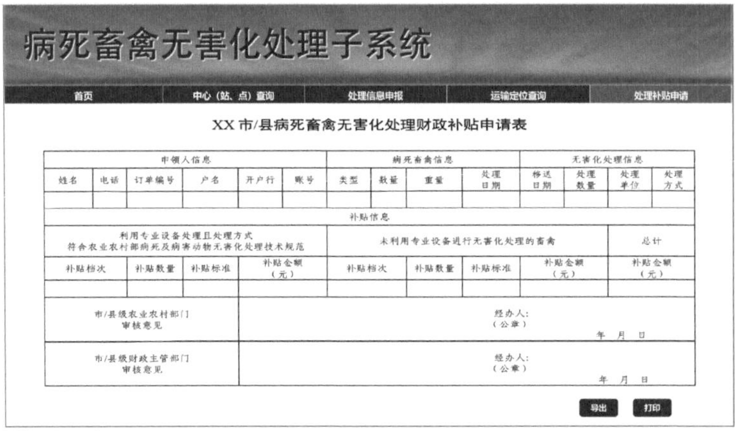

图2-128 病死畜禽无害化处理财政补贴申请表界面

型、数量、重量、处理日期；无害化处理的移送日期、处理数量、处理单位、处理方式；利用专业设备处理且处理方式符合农业农村部病死及病害动物无害化处理技术规范的补贴档次、标准、数量和金额，未利用专业设备进行无害化处理的病死畜禽的补贴档次、标准、数量、金额，补贴总金额和市/县级农业农村部门审核情况、财政主管部门审核情况及审核时间等信息。单击"导出"按钮，可将病死畜禽无害化处理财政补贴申请表导出成 PDF 文件；单击"打印"按钮，可进行病死畜禽无害化处理财政补贴申请表单的打印。

3 畜禽屠宰加工信息监管系统

屠宰加工是一项综合性工艺，涵盖畜禽宰杀、分割、清洗到包装全过程，最终形成肉类食品。作为畜产品安全与质量控制的核心环节，畜禽屠宰加工的质量把控直接决定了畜禽产品的安全水平与市场竞争力。畜禽屠宰加工信息监管系统包含屠宰加工企业信息管理、屠宰加工档案信息管理、畜产品仓储信息管理、检验检疫信息管理 4 个子系统。

3.1 屠宰加工企业信息管理子系统

根据《中华人民共和国畜牧法》，畜禽屠宰加工企业必须依法取得动物防疫条件合格证和其他法律法规规定的证明文件，按照卫生标准建设屠宰加工场所，保证环境卫生和生产安全。同时，需拥有符合国家规定的设施设备和运载工具、依法取得健康证明的屠宰技术人员和经考核合格的兽医卫生检验人员，建立畜禽屠宰质量安全管理等规章制度，确保畜产品质量安全。

采用传统的手工方式记录和管理畜禽屠宰加工全流程及企业人事、设备等信息，不仅耗时费力，而且效率低下，难以匹配企业日益增长的快速发展需求。因此，建立畜禽屠宰加工企业信息管理系统，采用自动化和数字化手段，进行企业基本信息、员工档案、车间设备和规章制度等信息的集中管理和实时更新，可有效提高信息管理的便捷性和准确性，有助于企业制定更加科学合理的经营策略。屠宰加工企业信息管理子系统采用密码登录的形式进行角色控制（图3-1），保障不同权限用户数据管理的安全、准确、高效，系统包含企业信息管理、人事信息管理、车间信息管理、设备信息管理和规章制度管理 5 个功能模块（图3-2）。

3.1.1 企业信息管理

畜禽屠宰加工企业需依法登记注册，取得工商营业执照、定点屠宰证、排污许可证、动物防疫条件合格证等系列资质。企业信息管理模块主要实现畜禽屠宰加工企业基本信息和屠宰资质的信息化管理，单击系统导航页的"企业信息管理"图标或菜单栏，进入屠宰加工企业信息管理页面（默认展示企业基本信息）。

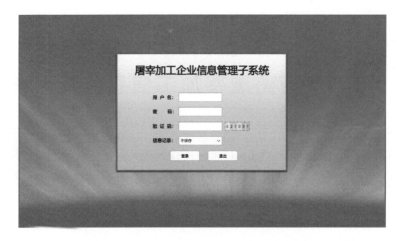

图 3-1 屠宰加工企业信息管理子系统登录页界面

图 3-2 屠宰加工企业信息管理子系统导航页界面

(1) 企业基本信息管理

企业基本信息管理用于畜禽屠宰加工企业名称、定点屠宰编号、法人代表及联系电话、地址、自营情况、待宰情况、所属集团、牌证齐全情况、是否规模以上企业、是否周报企业、是否月报企业，以及场区经纬度等基本信息的管理（图3-3）。单击"修改"按钮，可进行企业基本信息的修改；单击"保存"按钮，对修改后的企业信息进行保存。

图 3-3　企业基本信息管理界面

（2）屠宰加工资质管理

单击"屠宰资质信息"选项卡，页面切换至企业屠宰资质信息管理页面（图 3-4）。页面展示畜禽屠宰加工企业名称、定点屠宰证号、统一社会信用代码、企业类型、所属地区、注册地址（经纬度坐标）、法定代表人、联系电话、邮箱、成员出资总额、营业期限、官网、成立日期、登记机关、登记日期、业务范围等企业基本信息，工商营业执照、定点屠宰证、排污许可证、动物防疫条件合格证等相关资质，以及场区地理位置图、各功能区平面图、设施设备清单、人员清单和规章制度清单等材料信息（图 3-4），单击"修改"按钮，可进行屠宰资质信息的修改；单击"保存"按钮，对修改后的屠宰资质信息进行保存。

图 3-4　屠宰资质信息管理界面

3.1.2 人事信息管理

根据《中华人民共和国畜牧法》，畜禽屠宰加工企业必须确保从业人员具备合法资质。屠宰技术人员必须持有依法取得的健康证明，确保屠宰技术人员在从事畜禽屠宰工作时的健康状况符合相关卫生标准，不会对畜禽产品造成污染；兽医卫生检验人员必须经过严格的考核并合格，确保检验人员具备专业的知识和技能，能够准确地进行畜禽产品的卫生检验和品质判定。人事信息管理模块采用信息化手段记录和管理企业员工的人事档案信息，包括员工的基础信息、健康状况、培训记录等，为企业提供便捷、高效的人事信息管理手段，促进人事信息管理的科学化和规范化。单击系统导航页的"人事信息管理"图标或菜单栏，进入屠宰加工企业人事信息管理页面（图3-5）。

图 3-5 人事信息管理界面

页面左侧导航栏以树状结构展示企业组织架构，单击可选定人事信息查询的范围。页面右侧查询条件设定区域可进行畜禽屠宰加工企业人事信息综合查询条件的设定，查询结果区域以表格形式分页显示人事信息的查询结果。单击"导出"或"打印"按钮可进行查询结果的导出和打印；单击"添加"按钮，页面调整到人事信息添加页面，可进行畜禽屠宰加工企业人员信息添加；查询结果表格中选择任意行，单击"修改"按钮，页面跳转到选定人员的档案信息管理界面的修改状态，可进行选定人员信息的修改，单击"删除"按钮，可实现选定人员信息的删除。

（1）人事档案管理

人事档案管理用于畜禽屠宰加工企业员工人事档案信息的管理，实现员工人事档案信息的添加、查询、修改和删除，包括员工编号、姓名、职务、职称、所在岗位、学历、从业状况，以及屠宰技术人员健康证、兽医卫生检验人员考核合格证等人员资质证书扫描件（图 3-6）。

图 3-6　人事档案管理界面

（2）健康档案管理

健康档案管理用于畜禽屠宰加工企业员工健康档案信息的管理，实现员工健康档案信息的添加、修改和删除管理，包括员工定期健康检查的日期、检查单位、检查项目、检查结果、采取措施和健康证的扫描件等（图 3-7）。

图 3-7　健康档案管理界面

（3）培训档案管理

培训档案管理用于畜禽屠宰加工企业员工培训档案信息的管理，实现员工培训档案信息的添加、修改和删除管理，包括员工定期职业培训和健康教育培训的名称、培训时间、培训内容、形式/课时、成绩和上岗人员培训记录等（图3-8）。

图 3-8   培训档案管理界面

3.1.3 车间信息管理

畜禽屠宰加工企业生产车间是保障畜产品质量安全、提高生产效率的关键枢纽，现代信息化的管理模式在提升畜产品生产效能、降低成本以及保护员工健康安全方面展现出极为重要的作用。车间信息管理模块主要实现生产车间基本信息，以及车间内生产流程、消毒卫生、屠宰情况和视频监控信息的管理和多条件综合查询。单击系统导航页"车间信息管理"图标或菜单栏，进入屠宰加工企业车间信息管理页面（图3-9）。

页面左侧畜禽屠宰加工企业车间平面图展示企业所有车间布局情况，单击任意车间图标，跳转至该车间信息管理页面（图3-10）。页面右侧查询条件设定区域可进行综合查询条件设定，查询结果区域以表格形式分多页显示车间信息的查询结果，默认展示企业所有车间信息。单击"导出"或"打印"按钮可进行查询结果的导出或打印，单击"添加"按钮可进行车间信息添加；查询结果表格中选择任意行，单击"修改"按钮，页面跳转至选定车间的"单个车间信息管理"页面的信息修改状态，可进行选定车间信息的修改；单击"删除"按钮，可实现选定车间信息的删除。

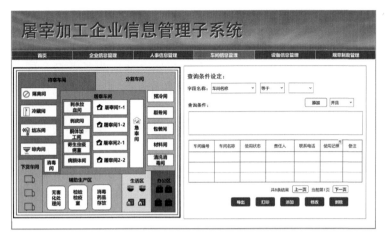

图 3-9　车间信息管理界面

图 3-10　单个车间信息管理界面

　　"单个车间信息管理"页面实时动态展示指定车间的基本信息、屠宰信息、生产信息、消毒信息和车间内关键生产节点的视频监控信息（图 3-10）。页面左侧导航栏以树状结构展示企业车间的组织结构，单击选定后，右侧同步展示该车间信息，默认选定"车间信息管理"页面表格中选择的车间。页面中部为视频展示区域，实时展示车间内关键生产节点的视频信息，单击视频下面的按钮，可进行视频监控的动态切换。页面右侧分别展示车间编号、名称、地理位置和负责人等基本信息，畜禽品种、数量、年龄和平均体重等屠宰信息，生产批次号、使用状态、屠宰时间等生产信息，以及消毒方法、操作人员和消毒时间等车间消毒信息。

3.1.4　设备信息管理

根据《中华人民共和国畜牧法》，畜禽屠宰企业应当具备符合国家规定的设施设备。屠宰加工设施设备种类繁多且功能各异，共同构成现代化屠宰加工生产线的重要组成部分，建立完整的设备清单、设备维护保养记录，实时监控设施设备的运行状态，优化资源配置，可有效提高生产效率、追溯问题根源。设备信息管理模块主要实现畜禽屠宰加工企业设施设备清单、基本信息、操作手册、维护保养记录和故障报告等资料的数字化管理，单击系统导航页"设备信息管理"图标或菜单栏，进入屠宰加工企业设备信息管理页面。

（1）设备资产管理

设备资产管理用于屠宰加工企业设备清单的信息化管理及多条件查询（图3-11）。页面左侧查询条件设定区域，可进行综合查询条件设定，查询结果以表格形式分多页显示在右侧设备清单表格中。页面右侧默认展示企业所有设备信息，单击"导出"或"打印"按钮可进行查询结果的导出或打印，单击"添加"按钮可进行设备信息的添加，单击"修改"可进行设备清单的修改，单击设备清单中的"设备名称"可转跳至设备维护管理页面（图3-12）。

图 3-11　设备资产管理界面

（2）设备维护管理

设备维护管理用于屠宰加工企业设备的基础信息、操作及维护记录的管理（图3-12）。页面左侧展示设备图片、名称、编号、采购日期、使用状态、操作手册等基础信息；右侧表格分别展示设备操作日期、操作人员、持续时间等操作历史信息，以及维护日期、维护人员、维护情况等维护记录信息。单击"导出"或"打印"按钮可进行设备操作历史或维护记录的导出或打印，单击"添加"按钮可实现设备操作历史或维护记录的添加，单击"修改"按钮可进行设备操作历史或维护记录的修改，单击"删除"按钮可完成选定的操作历史或维护记录的删除。

图 3-12　设备维护管理界面

3.1.5　规章制度管理

根据《中华人民共和国畜牧法》，畜禽屠宰企业应建立畜禽屠宰质量安全管理制度。屠宰加工企业规章制度涵盖生产管理、质量管理、安全管理、卫生管理、人员管理、环境保护和客户服务等多个方面，旨在明确企业在生产经营过程中的行为规范和标准，规定畜禽屠宰加工各项工作程序、技术标准、安全防护措施等内容，有助于规范企业的经营行为、保障畜禽产品质量安全。规章制度管理模块通过信息化手段，数字化管理畜禽屠宰加工企业的各项规章制度，单击系统导航页"规章制度管理"图标或菜单栏，进入屠宰加工企业规章制度管理页面（图 3-13）。

页面主要实现屠宰加工企业进厂（场）检查登记、屠宰和肉品检验管理、屠宰证章和标志牌的保管和使用管理、不合格品管理、质量追溯和召回、信息报送等 6 类规章制度的查看和搜索。单击任意模块右侧的箭头，进入相应类别规章制度的集中管理页面（图 3-14）；页面单击任意规章制度的名称，进入选择规章制度的具体内容查阅浏览页面（图 3-15）。在搜索框中输入关键词，可进行屠宰加工企业相关规章制度的模糊搜索；单击"高级检索"按钮，弹出搜索框，可进行规章制度的多条件综合查询。

图 3-13　规则制度管理界面

"指定类别规章制度管理"页面用于同一类别规章制度的查询、浏览和添加（图 3-14）。页面左侧导航区展示规章制度的类别，单击选定后，右侧区域同步展示选定类别的所有规章制度列表，单击规章制度名称，进入选定规章制度的具体内容查阅浏览页面（图 3-15），页面单击"添加"按钮可进行规章制度的添加。

图 3-14　指定类别规章制度管理界面

"规章制度内容查阅"页面用于规章制度的具体内容的浏览、打印、导出、修改和删除管理（图 3-15）。页面左侧导航区展示规章制度的名称，单击选定后，右侧区域同步展示选定规章制度的具体内容。单击"导出"或"打印"按钮，可进行正在浏览的规章制度的导出或打印；单击"修改"按钮，进入规章制度详细信息修改页面，可进行规章制度的名称、文号和正文文本等信息的维护；单击"删除"按钮，对正在浏览的规章制度进行删除。

图 3-15　规章制度内容查阅界面

3.2　屠宰加工档案信息管理子系统

根据《中华人民共和国动物防疫法》《畜禽屠宰管理条例》等相关法律法规要求，畜禽屠宰加工企业应建立并妥善保存屠宰加工档案，记录畜禽从进入屠宰企业、屠宰分割、肉品加工、储存到销售的全过程信息，包括畜禽品种、数量、来源、进场日期、屠宰日期、屠宰者、检验员、检验结果等，档案保存期限不得少于二年；同时，应按照国家规定，建立并实施食品安全追溯体系，确保产品可追溯。

手工记录保存畜禽屠宰加工档案的效率较低，尤其是在大规模或高密度屠宰场所，人工记录无法及时更新和跟踪实时变化的屠宰加工数据，且纸质档案长期积累会占据大量物理存储空间，保管成本高。建立畜禽屠宰加工档案信息管理系统，采用信息化手段记录管理畜禽屠宰加工全过程各环节信息，实时监控畜禽屠宰加工各流程状态，有助于及时发现并解决生产过程中遇到的问题，提高生产效率、追溯问题来源、保障畜产品质量安全。屠宰加工档案信息管理子系统采用密码登录的形式进行角色控制（图 3-16），保障不同权限用户的数据管理的安全、准确、高效，系统包含屠宰加工工艺管理、收购信息管理、屠宰操作管理、胴体分割管理、加工包装管理、产品流向管理和数据分析管理 7 个功能模块（图 3-17）。

图 3-16　系统登录页界面

图 3-17　系统导航页界面

3.2.1　屠宰加工工艺管理

屠宰加工工艺是畜禽屠宰加工方法和程序的统称，包含从接收、检疫、致昏、刺杀放血、去除皮毛、开膛、去除内脏，直到整理、成品等一系列步骤，实现活畜禽到安全肉类产品的转变。屠宰加工工艺管理模块主要实现企业屠宰加工工艺的信息化管理和多条件综合查询，单击系统导航页的"屠宰加工工艺管理"图标或菜单栏，进入企业屠宰加工工艺综合管理页面（图3-18）。

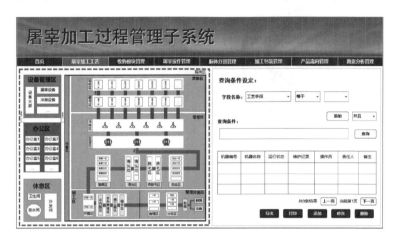

图3-18　屠宰加工工艺综合管理界面

页面左侧"屠宰加工企业平面布局图"展示屠宰加工企业场区功能区划，单击任意屠宰工艺过程图标，页面跳转至该过程所属"屠宰加工工艺信息管理"页面。右侧查询条件设定区域可进行综合查询条件设定，结果显示区域以表格形式分多页展示屠宰加工工艺的查询结果，默认展示企业所有屠宰加工工艺信息记录。单击任意加工工艺记录，页面跳转到"屠宰加工工艺详细信息管理"页面（图3-19）；单击"导出"或"打印"按钮，可进行查询结果的导出或打印；单击"添加"按钮可进行屠宰加工工艺信息的添加（图3-20）；查询结果表格中选择任意行，单击"修改"按钮跳转至选定的"屠宰加工工艺详细信息管理"页面的信息修改状态，可进行选定信息的修改，单击"删除"按钮，可实现选定信息的删除。

"屠宰加工工艺详细信息管理"页面实时动态展示选定屠宰加工工艺的设备信息、运行信息、维护信息、消毒信息和操作视频信息（图3-19）。页面左侧导航栏以树状结构展示屠宰场加工工艺的流程结构，单击选定，页面右侧同步展示加工工艺的详细信息；页面中部为视频展示区域，实时展示加工工艺视频信息，单击视频下面的按钮，可进行视频监控的动态切换；页面右侧分类展示机器编号、名称、类别和操作人等设备信息，运行状态、时间等运行信息，维护人员、方式、时间等维护信息，以及消毒方法、时间及操作人员等消毒信息。

图 3-19　屠宰加工工艺详细信息管理界面

图 3-20　屠宰加工工艺添加界面

3.2.2　收购信息管理

　　畜禽收购作为屠宰加工产业链的初始阶段，扮演着屠宰加工企业运营中不可或缺的关键角色，构筑了畜禽后续屠宰、分割、加工直至市场销售的全链条基础。引入信息化的管理模式，精细化管理畜禽收购信息，全面记录畜禽采购来源、数量、质量及运输过程信息，评估供应商资质、信誉、供应能力和价格优势，建立从源头养殖到屠宰场的全程可追溯体系，能够更好地控制原料质量和供应稳定性，确保产品符合食品安全标准，增强市场竞争力。收购信息管理模块主要实现收购畜禽的来源、质量和运输等信息，以及畜禽供应商、肉品经销商信息的管理。单击系统导航页的"收购信息管理"图标或菜单栏，进入收购信息综合管理页面（图 3-21）。

图 3-21　收购信息综合管理界面

"收购信息综合管理"页面用于企业收购信息的综合管理和多条件查询。页面左侧导航栏以树状结构展示企业收购信息的主要类型,包括交易伙伴、畜禽信息和运输信息。页面右侧查询条件设定区域可进行综合查询条件设定,查询结果区域以表格形式分多页显示企业收购信息的查询结果,默认展示企业所有收购信息记录。单击每条查询结果记录前的复选框,进行结果记录选择,单击"导出""打印"或"删除"按钮可进行选中查询结果的导出、打印或删除;单击"添加"按钮,页面自动跳转到收购信息记录添加界面(图 3-22),可进行收购信息记录的添加。

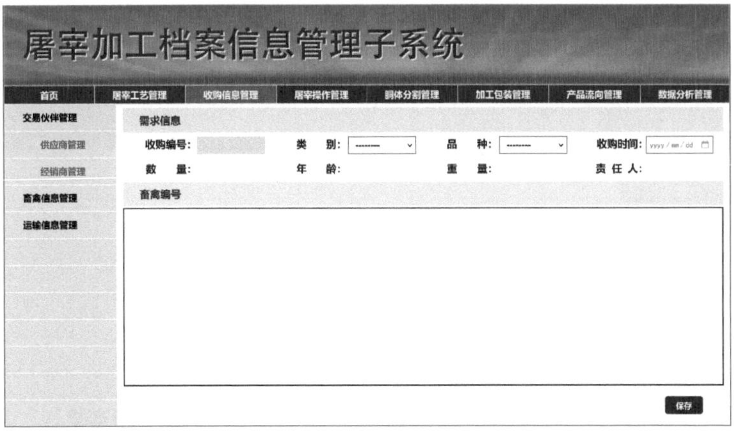

图 3-22　收购信息记录添加界面

(1) 交易伙伴管理

交易伙伴管理模块主要实现企业收购畜禽的供应商及屠宰加工产品经销商的详细信息管理和快速查询。"收购信息综合管理"页面左侧导航栏,展开"交易伙伴管理"菜单,单击"供应商管理",进入企业供应商详细信息管理页面(图3-23)。页面右侧以表格形式分多页展示企业供应商名称、联系人、联系电话、公司地址、类型、证书编号、储备量等供应商基本信息,默认展示企业所有供应商信息记录。单击"查询"按钮,可进行综合查询条件设定;单击每条记录后面的"查看""编辑"或"删除"按钮可以进行供应商详细信息的查看、编辑或删除;单击"增加"按钮,页面自动跳转到供应商信息添加页面,可进行供应商信息的添加(图3-24)。

图 3-23　供应商信息管理界面

图 3-24　供应商信息添加界面

　　"收购信息管理"页面左侧导航栏,展开"交易信息管理"菜单,单击"经销商管理",进入企业经销商详细信息管理页面(图3-25)。右侧以表格形式分多页展示企业经销商名称、联系人、联系电话、公司地址、类型、证书编号等经销商基本信息,默认展示企业所有经销商信息记录。单击"查询"按钮,可进行综合查询条件设定;单击每条记录后面的"查看""编辑"或"删除"按钮可以进行经销商详细信息的查看、编辑或删除;单击"增加"按钮,页面自动跳转到经销商信息添加页面,可进行经销商信息的添加(图3-26)。

图3-25　经销商管理界面

图3-26　经销商信息添加界面

（2）畜禽信息管理

畜禽信息管理模块主要实现企业收购的待宰畜禽的个体信息的管理和多条件综合查询。在收购信息综合管理页面（图3-21），选中收购信息记录表的任意一条记录，单击页面导航栏上"畜禽信息管理"，可进入"收购畜禽详细信息展示"页面（图3-27），展示指定收购编号的畜禽收购记录详细信息，包括收购畜禽的类别、品种、收购时间、数量、年龄、重量、责任人和畜禽编号，单击任意畜禽编号，可进入"个体信息管理"页面（图3-28）。

图 3-27　收购畜禽详细信息展示界面

图 3-28　个体信息管理界面

"个体信息管理"页面用于收购畜禽个体信息的管理和查询（图3-28）。页面分类别展示企业收购畜禽的编号、品种、性别、出生日期、年龄、体重、进场时间等基本信息；养殖场名称、地址、负责人、联系方式等来源信息；母品种、母号、父品种、父号、遗传特征等种群信息；最近一次检疫日期、结果、最近一次疫苗接种的时间和疫苗名称等检疫情况；部位重量、肌肉纹理、肉质颜色、水分含量、氨基酸含量、脂肪含量、pH、微生物指标、添加剂情况、评定等级等质量数据与定级信息。单击"修改""保存"或"删除"按钮可以实现对个体信息的修改、保存或删除操作；单击"添加"按钮页面自动跳转到个体信息添加页面，可实现收购畜禽个体信息的添加（图3-29）。

图 3-29　个体信息添加界面

(3) 运输信息管理

运输信息管理模块主要实现企业收购的待宰畜禽的运输信息的管理和多条件综合查询。在收购信息综合管理页面，选中收购信息记录表的任意一条记录，单击导航栏上"运输信息管理"，可进入"运输信息管理"页面（图3-30），展示指定收购编号的畜禽收购记录的运输信息，包括运输时间、起点、终点、备注等日期与地点信息；车辆号牌、车辆类型、司机姓名、司机联系方式、公司名称、责任人、公司联系方式等车辆与公司信息；运输距离、运输时间、开始时间、结束时间等距离与时间信息；入境地点、入境时间、检疫时间、检疫地点、检疫人员、检疫结果等入境检疫信息；每辆车运输车运输路径以及车辆图片信息。单击"修改""保存"或"删除"按钮可以实现对运输信息的修改、保存或删除操作；单击"添加"按钮，页面自动跳转到运输信息添加页面，可实现运输信息的添加（图3-31）。

图 3-30　运输信息管理界面

图 3-31　运输信息添加界面

3.2.3　屠宰操作管理

畜禽屠宰涉及待宰管理、致昏、宰杀、内脏处理等多个环节，确保屠宰车间温度、通风、照明等符合环境标准，屠宰过程遵循动物福利标准，是保障畜禽产品质量安全的重要基石。屠宰操作管理模块主要实现畜禽屠宰各环节环境条件、操作过程视频监控和操作记录的信息化管理。单击系统导航页的"屠宰操作管理"图标或菜单栏，进入屠宰操作信息综合管理页面（图3-32）。

"屠宰操作信息综合管理"用于企业屠宰操作信息的综合管理和多条件查询（图3-32）。页面左侧导航栏以树状结构展示屠宰操作信息的类型，包括操作信息、环境监控、视频监控。页面右侧查询条件设定区域可进行综合查询条件设定，查询结果区域以表格形式分多页显示企业畜禽屠宰操作信息的查询结果，默认展示企业所有屠宰操作信息记录。单击任意屠宰加工操作记录，页面跳转到"屠宰操作信息管理"页面（图3-33）；单击查询结果记录前的复选框，进行结果记录选择，单击"导出""打印"或"删除"按钮可进行选中查询结果的导出、打印或删除。

图 3-32　屠宰操作信息综合管理界面

图 3-33　屠宰操作信息管理界面

（1）操作信息管理

"屠宰操作信息综合管理"页面的查询结果区域，单击任意屠宰加工操作记录，或单击查询结果记录前的复选框选择结果记录后，单击页面左侧导航栏的"操作信息管理"，页面跳转到选中屠宰操作记录的"屠宰操作信息管理"页面（图3-33）。页面左侧导航栏以树状结构展示屠宰加工流程的主要环节，默认选中查看记录所属环节。页面右侧展示畜禽屠宰加工记录的操作编号、操作环节、操作间、使用设备、开始时间、结束时间、畜禽种类、畜禽类别、畜禽数量等基本信息；操作过程视频监控；工作状态和持续时间等操作间运行状态；温度、湿度、风速、气压、光照等环境参数，以及操作人员等信息。单击"修改"按钮，对基本信息进行修改，单击"保存"后进行修改信息的保存；单击"添加"按钮，页面跳转到"屠宰操作信息添加"页面（图3-34），实现操作信息的添加。

图3-34 屠宰操作信息添加界面

（2）环境监控管理

"屠宰操作信息综合管理"页面的查询结果区域，单击查询结果记录前的复选框选择结果记录后，单击页面左侧导航栏的"环境监控管理"，或者"屠宰操作信息管理"页面上，单击"环境参数"右侧的双箭头图标，页面跳转到选中屠宰操作记录的"环境监控信息管理"页面（图3-35）。页面左侧导航栏以树状结构分类展示屠宰加工核心工作区，包括准备区、宰杀区、加工区和整理分级区；中部展示操作间的温度、湿度、风速、气压、光照强度等环境参数的实时监测信息，同时，以折线图形式展示环境监测的历史信息（默认为查询当天的历史环境信息）；单击"历史信息查询"按钮，可自行设定查询期限，进行历史信息查询。页面右侧实时展示操作间视频监控情况。

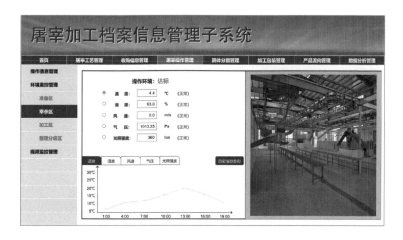

图 3-35　环境监控信息管理界面

（3）视频监控管理

"屠宰操作信息综合管理"页面的查询结果区域，单击查询结果记录前的复选框选择结果记录后，单击页面左侧导航栏的"视频监控管理"，或者"屠宰操作信息管理"页面上，单击"视频监控"右侧的双箭头图标，页面跳转到选中屠宰操作记录的"视频监控信息管理"页面（图3-36）。页面左侧导航栏以树状结构分类展示屠宰加工核心工作区，页面右侧展示所选工作间的所有视频监控的实时监控画面，单击任意监控，可进入"指定视频监控信息管理"页面（图3-37），拉动页面下方时间控制器，可进行历史监控信息回看。

图 3-36　视频监控信息管理界面

图 3-37　指定视频监控信息管理界面

3.2.4　胴体分割管理

胴体分割是将屠宰后的畜禽胴体按照不同部位和组织结构进行切割，以得到不同大小和质量规格的肉块，不仅提高了肉品的附加值，满足了消费者多样化、个性化畜禽产品的需求，也是屠宰加工企业提升市场竞争力的重要手段。胴体分割作业对操作流程和环境条件的要求较高，要求所有参与人员进入车间前全面消毒，分割用工具在使用前后彻底清洗消毒；操作过程中，需严格遵循既定规范，确保每一块胴体的大小、形态和重量等符合市场要求；分割完成后，需进行质量检验，确保所有肉品符合食品安全标准。此外，分割车间需定期进行全面消毒，严格控制室内温度与相对湿度保持在最适宜区间，通风良好且照明充足，有效抑制细菌滋生，以保证肉质新鲜。

胴体分割管理模块主要实现畜禽胴体分割操作记录、RFID 标签，以及分割过程的环境参数和视频监控的信息化管理。单击系统导航页的"胴体分割管理"图标或菜单栏，进入胴体分割信息综合管理页面（图 3-38）。页面主要实现企业畜禽胴体分割记录的信息化管理和多条件综合查询，查询条件设定区可进行综合查询条件设定，查询结果区域以表格形式分多页展示畜禽胴体分割记录的查询结果。单击任意一条畜禽胴体分割记录，页面跳转到"胴体分割详细信息管理"页面（图 3-39）；单击每条查询结果记录前的复选框，可进行结果记录选择，单击"导出""打印"或"删除"按钮，可进行选中查询结果的导出、打印或删除操作。单击"添加"按钮，页面自动跳转到"胴体分割详细信息添加"页面

（图 3-40），可实现胴体分割详细信息的添加。

图 3-38　胴体分割信息综合管理界面

图 3-39　胴体分割详细信息管理界面

"胴体分割信息综合管理"页面单击任意一条畜禽胴体分割记录，系统跳转至"胴体分割详细信息管理"页面（图 3-39），展示选择记录对应的畜禽胴体分割的畜禽编号、畜禽种类、畜禽重量、操作车间、分割人员和分割时间等基础信息，胴体分割的环境参数及视频监控信息，以及胴体分割类型、各类型的总重量及分割后胴体的编号等信息。单击分割后胴体编号后面的详细信息查看图标"☺"，系统跳转至"胴体分割 RFID 标签管理"页面（图 3-41），可进行胴体分割 RFID 标签的管理操作；单击"加号"或"减号"图标，可进行胴体分割类型信息的增加或删除。单击"环境参数"右侧的双箭头图标，系统跳转至"胴体分割环境参数监控"页面（图3-43），可查看胴体分割的实时监测及历史环境参数信息；单击"视频监控"右侧的双箭头图标，系统跳转至"酮体分割视频监控"页面（图3-44），可查看胴体分割操作的视频监控及历史回放。

"胴体分割详细信息管理"页面单击"添加"按钮，系统跳转至"胴体分割详细信息添加"页面（图3-40），可实现企业畜禽胴体分割的畜禽编号、畜禽种类、畜禽重量、操作车间、分割人员和分割时间等基础信息，胴体分割类型、各类型的总重量及分割后胴体的编号信息的添加。其中，胴体分割的环境参数及视频监控信息，系统根据选择的操作车间进行自动关联。

图3-40　胴体分割详细信息添加界面

（1）RFID 标签管理

"胴体分割详细信息管理"页面，单击分割后胴体编号后面的详细信息查看图标"☺"，系统跳转至"胴体分割 RFID 标签管理"页面（图3-41），主要实现胴体分割 RFID 标签信息的管理。页面上部展示畜禽编号、分割类型和操作人员等胴体分割操作信息，为系统自动关联，无需用户填写；下部 RFID 标签管理区以表格形式展示指定畜禽编号的胴体分割类型的所有分割后产品的 RFID 标签，单击任意标签，系统跳转至"胴体 RFID 标签详细信息"页面（图3-42），展示该标签关联的 RFID 标签编号、畜禽编号、创建日期、所属分割肉块类型、分割操作人员、是否包装及条形码信息。

（2）环境监控管理

"胴体分割详细信息管理"页面，单击"环境参数"右侧的双箭头图标，页面跳转到查看胴体分割记录的"胴体分割环境参数监控"页面（图3-43）。页面

图 3-41　胴体分割 RFID 标签管理界面

图 3-42　胴体 RFID 标签详细信息界面

左侧展示操作间的温度、湿度、风速、气压、光照强度等环境参数的实时监测信息，同时，以折线图形式展示环境监测的历史信息（默认为胴体分割当天的历史环境信息），单击"历史信息查询"按钮，可自行设定查询期限，进行历史信息查询；页面右侧实时展示操作间视频监控情况。

（3）视频监控管理

　　"胴体分割详细信息管理"页面，单击"视频监控"右侧的双箭头图标，页面跳转到查看胴体分割记录的"胴体分割视频监控"页面（图 3-44）。页面展示所选工作间的视频监控的实时监控画面，拉动页面下方时间控制器，可回看胴体分割操作的历史监控信息。

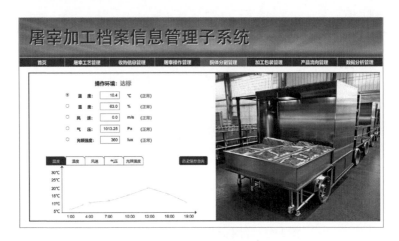

图 3-43　胴体分割环境参数监控界面

图 3-44　胴体分割视频监控界面

3.2.5　加工包装管理

畜禽屠宰分割后，需经过去骨、切片、整形等加工流程，妥善包装并赋唯一识别码，且经过严格的质量检测，最终转化为可供市场销售的产品。加强加工包装管理，不仅是保障畜产品质量安全、有效减少污染风险的关键措施，更是提升产品市场竞争力、促进产业发展的重要途径。

加工包装管理模块主要实现企业加工包装及产品品质检验过程的操作记录、环境参数和视频监控的信息化管理。单击系统导航页的"加工包装管理"图标或菜单栏，进入加工包装信息综合管理页面（图3-45）。页面左侧导航栏以树状结构展示加工包装过程信息管理的主要类型，包括加工信息管理、包装信息管理和质检信息管理。页面右侧查询条件设定区域可进行综合查询条件设定，查询结果区域以表格形式分多页显示企业加工包装操作信息的查询结果，默认展示企业所有加工包装操作信息记录。单击任意加工包装操作记录，系统跳转到"加工包装详细信息管理"页面（图3-46）；单击查询结果记录前的复选框，进行结果记录选择，单击"导出""打印"或"删除"按钮可进行选中查询结果的导出、打印或删除；单击"添加"按钮，系统跳转到"加工包装详细信息添加"页面（图3-47），可实现加工包装信息的添加。

图 3-45　加工包装信息综合管理界面

"加工包装信息综合管理"页面的查询结果区域，单击任意加工包装记录，页面跳转到选中加工包装记录的"加工包装详细信息管理"页面（图3-46）。页面左侧导航栏以树状结构展示加工包装过程信息管理的主要类型。右侧展示畜禽加工包装的产品名称、编号、规格和生产日期等产品信息；畜禽编号、种类、重量和养殖企业等畜禽信息；屠宰日期、批次、分割日期和分割批次等畜禽屠宰信息；加工车间、日期、批次和电子标签等加工信息；包装车间、日期、编号和规格等包装信息；质检人员、日期、结果等质量监测信息；存储仓库、位置、入库日期、保质期、过期日期和仓储责任人等仓储信息。单击"添加"按钮，页面跳转到"加工包装详细信息添加"页面（图3-47），可进行加工包装记录的添加；单击"修改"按钮，可对当前加工包装记录信息进行修改，单击"删除"

按钮可删除当前加工包装信息记录。

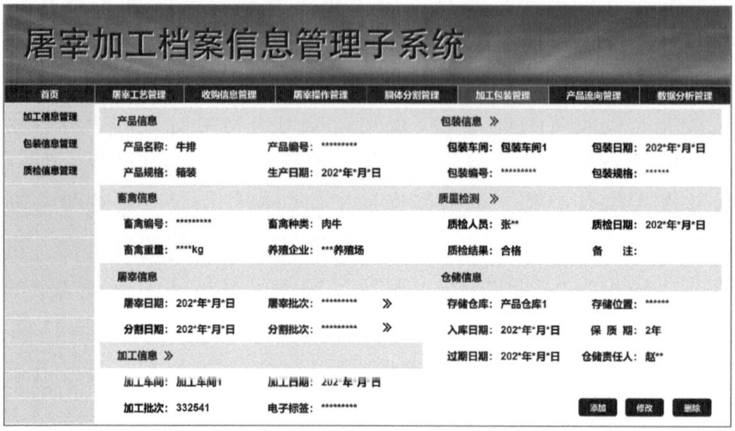

图 3-46　加工包装详细信息管理界面

图 3-47　加工包装详细信息添加界面

（1）加工信息管理

　　"加工包装详细信息管理"页面，单击"加工信息"右侧的双箭头图标或页面左侧导航栏"加工信息管理"，系统跳转到"加工信息管理"页面（图3-48）。页面中部展示畜禽产品加工批次、日期、操作员、加工环节、数量、车间、畜禽编号、胴体编号和加工编号信息；页面右侧展示产品加工的环境卫生条件、人员防护情况，以及加工车间的视频监控信息。单击"添加"按钮，系统跳转到"加工信息添加"页面（图3-49），可进行加工记录信息的添加；单击"修改"

按钮，可对当前加工记录信息进行修改；单击"删除"按钮，可删除当前加工信息记录。

图 3-48　加工信息管理

图 3-49　加工信息添加界面

"加工信息管理"页面，单击视频监控展示区，或单击页面左侧树状导航栏"加工信息管理"下面的二级菜单"环境参数管理"，系统跳转到"加工环境信息监测"页面（图 3-50）。页面展示加工车间的温度、湿度、风速、气压、光照强度等环境参数的实时监测信息，同时，以折线图形式展示环境监测的历史信息（默认为产品加工当天的历史环境信息），单击"历史信息查询"按钮，可自行设定查询期限，进行历史信息查询；页面右侧实时展示加工车间视频监控情况，单击进入"加工视频监控管理"页面（图3-51）。

"加工环境信息监测"页面，单击右侧视频监控区，或单击页面左侧树状导航栏"加工信息管理"下面的二级菜单"视频监控管理"，进入"加工视频监控管理"页面（图3-51），拉动页面下方时间控制器，可进行历史监控信息回看。

图3-50　加工环境信息监测界面

图3-51　加工视频监控管理界面

（2）包装信息管理

"加工包装详细信息管理"页面，单击"包装信息"右侧的双箭头图标或页面左侧导航栏"包装信息管理"，系统跳转到"包装信息管理"页面（图3-52）。页面中部展示畜禽产品名称、加工批次、包装批次、包装车间、操作员、数量、重量、规格、包装日期和该批次包装产品的所有包装编号；页面右侧展示产品包装的环境监测信息和包装车间的视频监控信息。单击"添加"按钮，系统跳转到"包装信息添加"页面（图3-53），可进行包装记录信息的添加；单击环境信息展示区，系统跳转到"包装环境信息监测"页面（图3-54）；单击视频监控展示区，系统跳转到"包装视频监控管理"页面（图3-55）；单击"修改"按钮，可对当前包装记录信息进行修改；单击"删除"按钮，可删除当前包装信息记录。

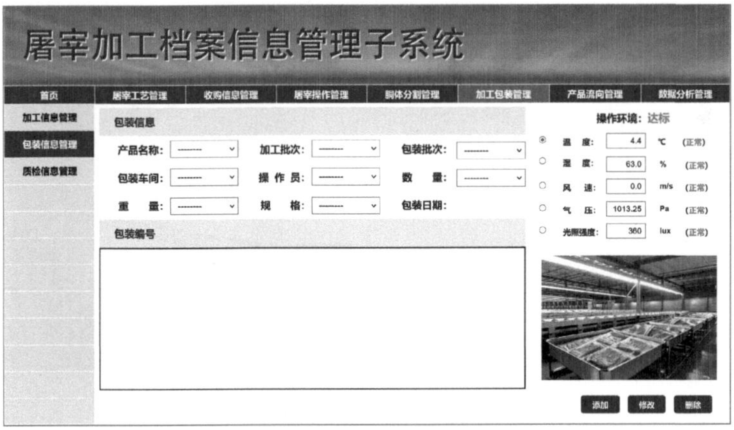

图 3-52　包装信息管理界面

图 3-53　包装信息添加界面

"包装信息管理"页面，单击环境信息展示区，或单击页面左侧树状导航栏

"包装信息管理"下面的二级菜单"环境参数管理",系统跳转到"包装环境信息监测"页面(图3-54)。页面展示包装车间的温度、湿度、风速、气压、光照强度等环境参数的实时监测信息,同时以折线图形式展示环境监测的历史信息(默认为产品包装当天的历史环境信息),单击"历史信息查询"按钮,可自行设定查询期限,进行历史信息查询;页面右侧实时展示包装车间视频监控情况,单击进入"包装视频监控管理"页面(图3-55)。

图 3-54   包装环境信息监测界面

"包装环境信息监测"页面,单击右侧视频监控区,或单击页面左侧树状导航栏"包装信息管理"下面的二级菜单"视频监控管理",进入"包装视频监控信息管理"页面(图3-55),拉动页面下方时间控制器,可进行历史监控信息回看。

图 3-55   包装视频监控管理界面

（3）检验信息管理

"加工包装详细信息管理"页面，单击"质量检测"右侧的双箭头图标或页面左侧导航栏"质检信息管理"，系统跳转到"质量检测信息管理"页面（图3-56）。页面中部分类展示畜禽产品名称、检验批次、检验日期、检验人员、加工批次、包装批次、规格和数量等基本信息，产品外观、大小与重量、质地、完整性等物理特性检验指标，pH、脂肪含量、蛋白质含量、有害残留等化学检验指标，细菌总数、大肠杆菌计数、致病菌检测、霉菌和酵母菌计数等微生物学检验指标，视觉、嗅觉、触觉、味觉等感官评价，生产日期、保质期、包装完整性、标签正确性等标签与包装检验指标，激素检测、转基因检测、过敏原检测等其他指标，以及检测产品的包装编号信息。单击"添加"按钮，系统跳转到"质量检测信息添加"页面，可进行检测记录信息的添加；单击"修改"按钮，可对当前质检记录信息进行修改；单击"删除"按钮，可删除当前质检信息记录。

图3-56 质量检测信息管理界面

3.2.6 产品流向管理

屠宰加工企业记录产品的流量流向是履行法规要求的具体行动，对于监控产品质量、保障食品安全、提升市场竞争力、优化供应链管理等具有重要作用。根据《生猪屠宰管理条例》等相关法规，定点屠宰厂（场）应当建立产品出厂（场）记录制度，如实记录出厂（场）产品的名称、规格、数量、检疫证明号、肉品品质检验合格证号、屠宰日期、出厂（场）日期以及购货者名称、地址、联系方式等内容，并保存相关凭证，记录、凭证保存期限不得少于2年。

产品流向管理模块主要实现企业屠宰加工产品的销售信息的实时动态管理，包括增加、修改、删除、多条件综合查询和统计。单击系统导航页的"产品流向管理"图标或菜单栏，进入企业屠宰加工产品的流量流向信息综合管理页面（图3-57）。页面左侧导航栏以树状结构展示产品销售信息管理的主要类型，包括销售信息管理、销售信息统计和客户档案管理。页面右侧查询条件设定区域可进行企业产品销售信息的综合查询条件设定，查询结果区域以表格形式分多页显示企业产品销售信息的查询结果，默认展示企业所有产品销售信息记录。单击任意销售信息记录，系统跳转到"产品销售详细信息管理"页面（图3-58）；单击查询结果记录前的复选框，进行结果记录选择，单击"导出""打印"或"删除"按钮可进行选中查询结果的导出、打印或删除；单击"添加"按钮，系统跳转到"产品销售详细信息添加"页面（图3-59），可实现企业销售信息的添加。

图 3-57　产品流量流向信息综合管理界面

（1）销售信息管理

"产品流量流向信息综合管理"页面，单击任意销售信息记录，系统跳转到"产品销售详细信息管理"页面（图3-58）。页面展示产品销售的订单编号、产品名称、销售渠道、交易日期、数量、金额、结算状态、订单状态、客户名称、联系方式和地址等交易信息，以及该订单销售的所有产品的编号，单击任意产品编号，可查看该产品的加工包装及所有前述流程信息。单击"添加"按钮，系统跳转到"产品销售详细信息添加"页面（图3-59），可进行产品销售记录信息的添加；单击"修改"按钮，可对当前产品销售记录信息进行修改；单击"删除"按钮，可删除当前产品销售信息记录；单击"结算状态"，系统跳转到"销售产品结算信息管理"页面（图3-60）。

图3-58 产品销售详细信息管理界面

图3-59 产品销售详细信息添加界面

"产品销售详细信息管理"页面，单击"结算状态"，系统跳转到"销售产品结算信息管理"页面（图3-60）。页面展示产品销售的订单编号、结算状态等信息，订单金额、付款方式、付款金额、付款日期等结算信息，发票号码、发票金额、开票日期等发票信息，客户名称、订单金额、付款状态等对账信息，欠款金额、截止日期等欠款提醒，以及结算金额、审批状态、审批人员等流程审批信息。单击"添加"按钮，系统跳转到"销售产品结算信息添加"页面（图3-61），可进行产品销售记录的结算信息添加；单击"修改"按钮，可对当前产品销售记录结算信息进行修改；单击"删除"按钮，可删除当前产品销售记录的结算信息。

图 3-60 销售产品结算信息管理界面

图 3-61 销售产品结算信息添加界面

（2）销售信息统计

"产品流量流向信息综合管理"页面，单击左侧导航栏的"销售信息统计"，系统跳转至"产品销售信息统计"页面（图 3-62）。页面以饼图和柱状图分别展示企业产品直销、分销、批发、电商平台 4 种销售渠道的销售数量占比和销售额度占比。单击页面右上角查询图标，系统跳转至"产品销售信息分类统计"页面（图 3-63）。

  "产品流量流向信息综合管理"页面，单击右上角查询图标，系统跳转至"产品销售信息分类统计"页面（图3-63）。统计字段选择框中选择查询统计的字段，同时，选定查询时间范围，下侧查询结果展示区以表格形式展示统计查询结果。单击"导出"或"打印"按钮可进行统计查询结果的导出或打印。统计字段选择框中，选择"省份"，系统分省统计企业产品销售信息（图3-64），选择"产品类型"，系统则分产品类型统计企业产品销售信息（图3-65）。

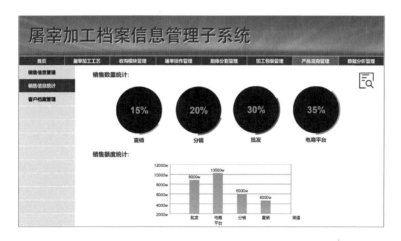

图3-62 产品销售信息统计界面

图3-63 产品销售信息分类统计界面

图 3-64　产品销售信息分类统计（分省）界面

图 3-65　产品销售信息分类统计（产品类别）界面

（3）客户档案管理

"产品流量流向信息综合管理"页面，单击左侧导航栏的"客户档案管理"，系统跳转至"客户档案信息综合管理"页面（图 3-66）。页面右侧"客户姓名表"按姓氏字母排序，展示企业所有客户的姓名，单击任意"客户姓名"，系统跳转至"客户档案详细信息管理"页面（图 3-67）。单击"添加"按钮，系统跳转到"客户档案详细信息添加"页面（图 3-68），可进行企业客户详细信息的新增。

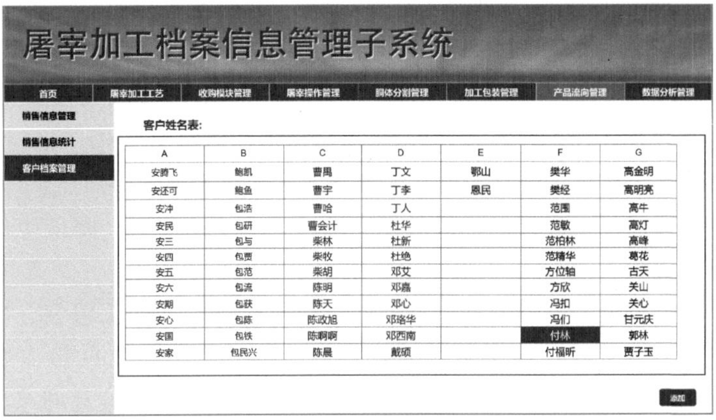

图 3-66 客户档案信息综合管理界面

图 3-67 客户档案详细信息管理界面

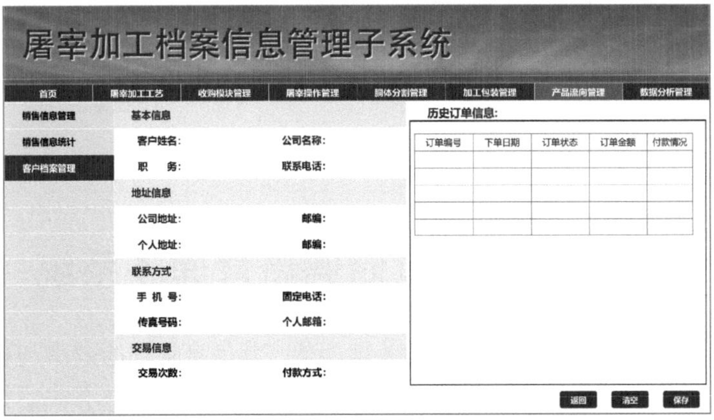

图 3-68 客户档案详细信息添加界面

3.2.7 数据分析管理

数据查询与统计分析是企业优化供应链和生产管理的关键。通过畜禽收购、屠宰、分割等环节数据的统计分析，屠宰加工企业可及时了解产品生产、库存和销售等信息，为优化生产计划提供数据支撑，提高产品质量、降低生产成本，确保企业稳健发展。

数据分析管理模块主要实现企业收购、屠宰、分割、加工包装、检验、产品流向等屠宰加工档案信息的多条件综合查询。单击系统导航页的"数据分析管理"图标或菜单栏，进入企业屠宰加工档案信息的多条件综合查询及统计分析页面（图3-69）。页面左侧导航栏以树状结构展示企业屠宰加工档案信息统计查询的5种主要类型，包括收购信息统计查询、屠宰操作统计查询、胴体分割统计查询、加工包装统计查询、产品流向统计查询，单击选择查询统计的信息类型；右侧查询条件设定区域可进行综合查询条件设定，查询结果区域以表格形式分多页显示信息查询结果，默认展示所有信息记录。单击任意信息记录，系统跳转到其"详细信息管理"页面；单击查询结果记录前的复选框，进行结果记录选择，单击"导出"或"打印"按钮，可进行选中查询结果的导出或打印。

图 3-69 数据分析管理界面

3.3 畜产品仓储信息管理子系统

畜产品仓储作为畜牧业产业链的关键环节，其信息管理的效率与精确度对保障畜产品质量安全、维持市场供应稳定及优化企业经济效益具有决定性影响。根据《生猪屠宰质量管理规范》，未出厂（场）产品应采取冷冻或冷藏等必要措施予以储存，且不同类型的产品应分开存放。产品储存库应保持整洁、通风，环境温湿度符合产品储存要求，如实记录产品的基本信息，以及入库、出库、库存和保管人等信息。

当前畜产品仓储信息的管理主要依赖于人工记录的方式，手工记录库存信息变动和仓储环境条件，不仅消耗大量的人力资源、增加了仓储管理的复杂性，还会面临数据遗漏和误差积累等风险，导致实时库存状况不明、仓储资源调度滞后，无法实现畜产品仓储信息的精确管理和高效运用。构建畜产品仓储信息管理系统，信息化管理畜产品入库、库存到出库的全过程信息，可显著提升仓储运作效率、确保畜产品质量、降低运营风险。畜产品仓储信息管理子系统采用密码登录的形式进行角色控制（图 3-70），保障不同权限用户的数据管理的安全、准确、高效，系统包含仓库信息管理、入库信息管理、出库信息管理、库存信息管理 4 个功能模块（图 3-71）。

图 3-70　系统登录页界面

图 3-71　系统导航页界面

3.3.1 仓库信息管理

仓库信息管理模块负责屠宰加工企业所有仓库信息的管理，包括仓库类型、位置、编号、容量、负责人等，方便实时监控和调配库存，单击系统导航页的"仓库信息管理"图标或菜单栏，进入企业仓库信息综合管理页面（图3-72）。页面左侧以布局图的形式展示企业所有畜禽产品存储仓库，右侧查询条件设定区域可进行综合查询条件设定，结果显示区域以表格形式分多页展示企业仓库信息的查询结果，默认展示企业所有仓库信息记录。单击任意仓库信息记录，页面跳转到"仓库详细信息管理"页面（图3-73）；单击"导出"或"打印"按钮，可进行查询结果的导出或打印；单击"添加"按钮可进行仓库信息的添加；查询结果表格中选择任意行，单击"编辑"按钮跳转至选定的"仓库详细信息管理"页面的信息修改状态，可进行选定信息的修改；单击"删除"按钮，可实现选定信息的删除。

图 3-72　仓库信息综合管理界面

"仓库信息综合管理"页面单击左侧"仓库布局图"的任意仓库图标或任意仓库信息记录，系统跳转到"仓库详细信息管理"页面（图3-73）。页面左侧导航栏以树状结构展示企业仓库的主要类型，包括常温库、速冻库、冷藏库；中部展示仓库所有视频监控；右上侧展示仓库实时监测的温度、相对湿度、风速、气压、微颗粒数、光照强度和微生物数等环境信息，右中部以折线图形式展示仓库各环境因子的变化情况，右下部展示仓库的负责人、管理员、总容量和剩余容量信息。

图 3-73　仓库详细信息管理界面

3.3.2　入库信息管理

入库信息管理模块负责企业产品进入仓库的所有信息记录的管理，包括入库单号、产品名称、产品类型、生产批号、入库数量、生产日期、库存货架号和管理人员等，确保产品入库后库存信息及时更新。单击系统导航页的"入库信息管理"图标或菜单栏，进入企业入库信息综合管理页面（图 3-74）。页面左侧导航栏以树状结构展示企业仓库的主要类型，右侧查询条件设定区域可进行综合查询条件设定，结果显示区域以表格形式分多页展示企业产品入库信息的查询结果，默认展示企业所有产品入库信息记录。单击任意入库信息记录，页面跳转到"入库详细信息管理"页面（图 3-75）；单击"导出"或"打印"按钮，可进行查询结果的导出或打印；单击"添加"按钮，可进行产品入库信息的添加；查询

图 3-74　入库信息综合管理界面

结果表格中选择任意行，单击"编辑"按钮跳转至选定的"入库详细信息管理"页面的信息修改状态，可进行选定信息的修改；单击"删除"按钮，可实现选定信息的删除。

"入库信息综合管理"页面的查询结果区域，单击任意入库信息记录，页面跳转到选中入库信息记录的"入库详细信息管理"页面（图 3-75）。页面左侧导航栏以树状结构展示企业仓库的主要类型，右侧展示产品入库单号、入库日期和操作人员等入库基本信息，产品名称、规格型号、生产批号、生产日期、屠宰日期、保质期、质检信息、数量、单位和所有入库产品的编号等入库产品信息，货架号、层号和管理人员等入库产品的存放位置信息。单击"导出"或"打印"按钮，可进行产品入库信息的导出或打印；单击"添加"按钮，可进行产品入库信息的添加（图 3-76）；单击"编辑"按钮跳转至选定的"入库详细信息管理"页面的信息修改状态，可进行选定信息的修改；单击"删除"按钮，可实现选定信息的删除。

图 3-75 入库详细信息管理界面

图 3-76 入库详细信息添加界面

3.3.3　出库信息管理

出库信息管理模块负责企业产品移出仓库（包含销售发货、内部调拨）的所有信息记录的管理，包括出库单号、产品名称、产品类型、生产批号、出库数量、生产日期、库存货架号和管理人员等，确保产品出库后库存信息及时更新。单击系统导航页的"出库信息管理"图标或菜单栏，进入企业出库信息综合管理页面（图3-77）。页面左侧导航栏以树状结构展示企业仓库的主要类型，右侧查询条件设定区域可进行综合查询条件设定，结果显示区域以表格形式分多页展示企业产品出库信息的查询结果，默认展示企业所有产品出库信息记录。单击任意出库信息记录，页面跳转到"出库详细信息管理"页面（图3-78）；单击"导出"或"打印"按钮，可进行查询结果的导出或打印；单击"添加"按钮可进行产品出库信息的添加；查询结果表格中选择任意行，单击"编辑"按钮跳转至选定的"出库详细信息管理"页面的信息修改状态，可进行选定信息的修改；单击"删除"按钮，可实现选定信息的删除。

图 3-77　出库信息综合管理界面

"出库信息综合管理"页面的查询结果区域，单击任意出库信息记录，页面跳转到选中出库信息记录的"出库详细信息管理"页面（图3-78）。页面左侧导航栏以树状结构展示企业仓库的主要类型；右侧展示产品出库单号、出库日期和操作人员等出库基本信息，产品名称、规格型号、生产批号、生产日期、屠宰日期、保质期、质检信息、数量、单位和所有出库产品的编号等出库产品信息，货架号、层号和管理人员等出库产品的存放位置信息。单击"导出"或"打印"

按钮，可进行产品出库信息的导出或打印；单击"添加"按钮可进行产品出库信息的添加（图3-79）；单击"编辑"按钮跳转至选定的"出库详细信息管理"页面的信息修改状态，可进行选定信息的修改；单击"删除"按钮，可实现选定信息的删除。

图 3-78　出库详细信息管理界面

图 3-79　出库详细信息添加界面

3.3.4　库存信息管理

库存信息管理模块负责企业所有产品储存仓库的库存信息的管理，包括仓库号、入库单号、产品名称、产品类型、生产批号、入库数量、管理人员和库存状态等，方便管理人员实时掌握产品库存情况。单击系统导航页的"库存信息管理"图标或菜单栏，进入企业库存信息综合管理页面（图3-80）。页面左侧导航栏以树状结构展示企业仓库的主要类型，右侧查询条件设定区域可进行综合查询条件设定，结果显示区域以表格形式分多页展示企业产品库存信息的查询结果，默认展示企业所有产品库存信息记录。单击任意库存信息记录，页面跳转到选定信息记录所在仓库的"单一仓库库存信息管理"页面（图3-81）；单击"导出"或"打印"按钮，可进行查询结果的导出或打印；单击"添加"按钮可进行产品库存信息的添加；查询结果表格中选择任意行，单击"编辑"按钮跳转至选定的"库存详细信息管理"页面的信息修改状态，可进行选定信息的修改；单击"删除"按钮，可实现选定库存信息记录的删除。

图 3-80　库存信息综合管理界面

　　"库存信息综合管理"页面的查询结果区域，单击任意库存信息记录，页面跳转到选定信息记录所在仓库的"单一仓库库存信息管理"页面（图3-81），便于管理人员随时掌握库存分布及状态。页面左侧导航栏以树状结构展示企业仓库的主要类型；中部以示意图的形式展示仓库所有货架的位置、各货架存量情况，下方显示仓库总容量、库存量和剩余量情况；右侧查询条件设定区域可进行综合查询条件设定，结果显示区域以表格形式分多页展示库存信息的查询结果，默认展示仓库所有货架的库存信息。单击任意库存信息记录，页面跳转到选定信息记录的"库存详细信息管理"页面（图3-82）；单击"导出"或"打印"按钮，可进行查询结果的导出或打印；单击"添加"按钮，可进行产品库存信息的添加；单击"删除"按钮，可实现选定库存信息记录的删除。

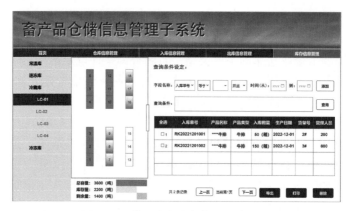

图 3-81　单一仓库库存信息管理界面

图 3-82　库存详细信息管理界面

"单一仓库库存信息管理"页面的查询结果区域，单击任意库存信息记录，页面跳转到选中库存信息记录的"库存详细信息管理"页面（图 3-82）。页面左侧导航栏以树状结构展示企业仓库的主要类型；中部展示产品入库单号、入库日期和操作人员等库存基本信息，产品名称、规格型号、生产批号、生产日期、屠宰日期、保质期、质检信息、数量、单位和所有库存产品的编号等产品信息，货架号、层号和管理人员等库存产品的存放位置信息；右侧展示仓库实时监测的温度、相对湿度、风速、气压、光照强度、微颗粒数和微生物数等环境信息，以及仓库的视频监控信息。单击"导出"或"打印"按钮，可进行产品库存信息的导出或打印；单击"添加"按钮，可进行产品库存信息的添加（图 3-83）；单击"编辑"按钮，跳转至选定的"库存详细信息管理"页面的信息修改状态，可进行选定信息的修改；单击"删除"按钮，可实现选定信息的删除。

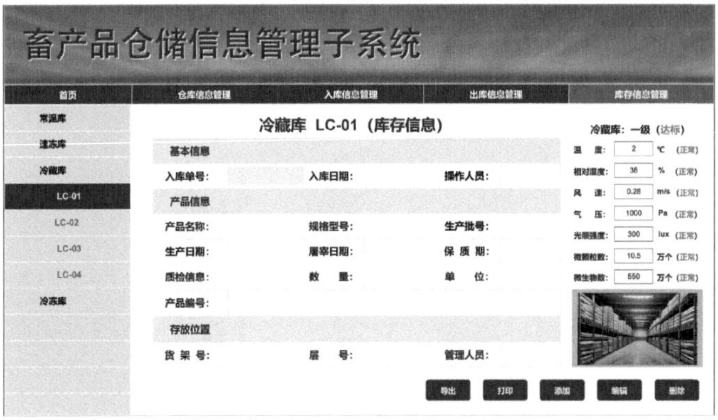

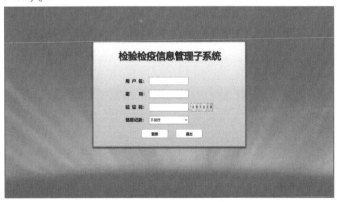

图 3-83　库存详细信息添加界面

3.4　检验检疫信息管理子系统

检验检疫是确保畜禽产品质量安全的重要环节，涵盖从动物进入屠宰加工企业到形成最终产品的全过程。根据《中华人民共和国畜牧法》第 68 条，畜禽屠宰经营者应当加强畜禽屠宰质量安全管理，应当建立畜禽屠宰质量安全管理制度，未经检验、检疫或者经检验、检疫不合格的畜禽产品不得出厂销售。

建立检验检疫信息管理子系统，规范检验检疫信息记录流程，做到"记录可查询，数据可溯源"，可有效降低畜禽疾病传播造成的经济损失，确保畜禽产品质量安全和全过程追溯。检验检疫信息管理子系统采用密码登录的形式进行角色控制（图 3-84），保障不同权限用户的数据管理的安全、准确、高效，系统包含检疫信息管理、宰前检疫、宰后检疫、消毒记录、病害处理和无害化处理 6 个功能模块（图 3-85）。

图 3-84　系统登录页界面

图 3 85　系统导航页界面

3.4.1　检疫信息管理

　　检疫信息管理模块主要实现屠宰加工企业畜禽宰前检疫、宰后检疫、消毒记录、病害处理和无害化处理信息的综合查询管理。单击系统导航页的"检疫信息管理"图标或菜单栏，进入企业检疫信息综合管理页面（图3-86）。页面上侧查询条件设定区域可进行综合查询条件设定，结果显示区域以表格形式分多页展示企业检疫信息的查询结果，默认展示企业所有检疫信息记录。单击任意检疫信息记录，页面跳转到详细信息管理页面；单击每条查询结果记录前的复选框，可进行结果记录选择，单击"导出""打印"或"删除"按钮，可进行选中查询结果的导出、打印或删除操作。

图 3-86　检疫信息综合管理界面

3.4.2 宰前检疫

宰前检疫的核心目标是确保进入屠宰线的畜禽处于健康状态，包括进厂检验、卸车检验和静养检验。进厂检验主要查验动物产地检疫证明、检查畜禽健康状况，确保畜禽来自非疫区且健康状况良好；卸车检验和静养检验是对每头畜禽进行详细的个体检查，包括体温测量、精神状态观察、活动姿势分析等，旨在精准识别体征异常畜禽并对其实施隔离观察措施。通过严格的宰前检疫，可以及时发现并剔除不合格畜禽，在源头上强化食品安全防线，提高整个供应链的安全性和可靠性。单击系统导航页的"宰前检疫"图标或菜单栏，进入宰前检疫信息管理页面（图3-87）。页面上侧查询条件设定区域可进行查询条件的设定，下侧分类展示查询的宰前检疫记录的详细信息。单击"添加记录"按钮，系统跳转到"宰前检疫信息添加"页面（图3-88），可进行宰前检疫信息记录的添加；单击"删除记录"按钮，可进行当前宰前检疫信息记录的删除。

图 3-87 宰前检疫信息管理界面

图 3-88 宰前检疫信息添加界面

3.4.3　宰后检疫

宰后检疫是畜禽屠宰后，对胴体及其器官进行详细的病理学检查，查找可能存在的病变或其他质量问题，防止病原体通过肉品传播，以保障公共卫生和食品安全。单击系统导航页的"宰后检疫"图标或菜单栏，进入宰后检疫信息管理页面（图3-89）。页面左上角设定查询时间并单击"查询"按钮，页面下侧分类展示指定日期的企业畜禽宰后检疫信息，包括头部检验、体表检验、内脏检验、胴体初检、二分胴体复验、可疑病肉检验和宰后检疫问题记录汇总。单击页面右上角"添加记录"按钮，系统跳转到"宰后检疫信息添加"页面（图3-90），可进行宰后检疫信息记录的添加；单击"删除记录"按钮，可进行当前宰后检疫信息记录的删除。检疫信息包含：①头部检验：记录头部检查指标相关数据，包括眼耳鼻喉、头部皮肤、头颈淋巴以及牙齿、食道的检验，检验头部是否存在异常情况；②体表检验：记录体表检查指标相关数据，包括畜禽皮肤情况及畜禽毛发情况的检验，记录体表检验中发现的异常情况；③内脏检验：检验脏器健康情况，保证异常脏器及时有效处理，主要包括异常肿瘤、异常肿块、炎症病变、器官形态异常、寄生虫感染、内脏损伤以及异常气味或颜色等异常情况的记录；④胴体初检：对于胴体进行外观、肌肉、细菌及异味等四个方面的初步检查；⑤二分胴体复验：对于胴体进行外观、肌肉、细菌及异味等四个方面的二次独立检查，与初检结果进行验证和核实；⑥可疑病肉检验：记录病变部位及可疑程度等信息，包括病变部位检查、组织学检查、化学物质检测及病原体检测等4个方面的信息数据；⑦宰后检疫问题记录汇总：对宰后检疫问题记录进行汇总及复核，以确保检验过程和结果的可追溯性和真实性，生成宰后检验报告。

图3-89　宰后检疫信息管理界面

图 3-90　宰后检疫信息添加界面

3.4.4　消毒记录

消毒记录模块主要记录企业消毒活动、跟踪消毒频率、监控消毒效果，实现企业消毒记录信息的综合管理，包括消毒区域类型（车间环境重点消毒、车间环境常规消毒、车间设备重点消毒、车间设备常规消毒）、场所类别、消毒时间、药品名称、用药浓度、消毒方式、效果评估、异常情况及消毒人员等信息。单击系统导航页的"消毒记录"图标或菜单栏，进入消毒信息综合管理页面（图 3-91）。页面上部查询条件设定区域可进行综合查询条件设定，结果显示区域以表格形式分多页展示企业消毒信息的查询结果，默认展示企业所有消毒信息记录。单击任意消毒信息记录，页面跳转到"消毒详细信息管理"页面（图 3-92）；单击"导出"或"打印"按钮，可进行查询结果的导出或打印；单击"添加"按钮，可进行消毒信息的添加；单击"删除"按钮，可实现选定信息的删除。

"消毒信息综合管理"页面的查询结果区域，单击任意消毒信息记录，页面跳转到选中消毒信息记录的"消毒详细信息管理"页面（图 3-92）。页面左侧分类展示场所类别、具体区域、负责人员、屠宰加工的畜禽种类等场所信息，消毒日期、消毒时长、消毒面积、消毒人员等消毒信息，药品名称、用药浓度、消毒方式、配药人员等消毒用药信息，效果评估、异常情况、消毒区域类型等其他信息；右侧以图片形式展示消毒区、消毒后、药品包装和药品配比后图片。

图 3-91　消毒信息综合管理界面

图 3-92　消毒详细信息管理界面

3.4.5　病害处理

病害处理过程及其成效的有效记录，有助于识别和控制疾病的传播途径、提高疫情应对效率，有效预防和控制畜禽疾病发生和扩散。病害处理管理模块主要实现畜禽病害处理信息的管理，包括病害处理时间、病害报告地、检疫部门、异常情况描述、初步诊断、动物种类、动物数量、运输来源及运输单位等信息。单击系统导航页的"病害处理"图标或菜单栏，进入病害信息综合管理页面（图

3-93）。页面上部查询条件设定区域可进行综合查询条件设定，结果显示区域以表格形式分多页展示企业病害处理信息的查询结果，默认展示企业所有病害处理信息记录。单击任意病害处理信息记录，页面跳转到"病害处理详细信息管理"页面（图3-94）；单击病害处理信息记录前的复选框，进行病害处理信息记录的选择，单击"导出"或"打印"按钮，可进行查询结果的导出或打印；单击"添加"按钮，可进行病害处理信息的添加（图3-95）；单击"删除"按钮，可实现选定病害处理信息的删除。

图 3-93　病害处理信息综合管理界面

图 3-94　病害处理详细信息管理界面

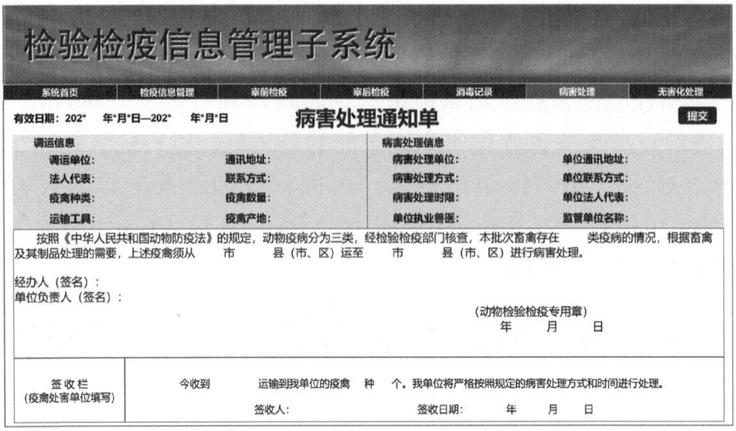

图 3-95 病害处理详细信息添加界面

3.4.6 无害化处理

无害化处理模块主要实现宰前检疫、宰后检疫登记的检疫不合格品，以及因特殊情况异常死亡等未达到屠宰要求的畜禽处理方式、时间等信息的管理，确保不合格畜禽、畜禽产品以及废弃物均能得到安全处理，有效阻断疾病传播路径，严格防范环境潜在污染。单击系统导航页的"无害化处理"图标或菜单栏，进入无害化处理信息综合管理页面（图 3-96）。页面上部查询条件设定区域可进行综合查询条件设定，结果显示区域以表格形式分多页展示企业无害化处理信息的查询结果，默认展示企业所有无害化处理信息记录。单击任意无害化处理信息记录，页面跳转到"无害化处理详细信息管理"页面（图 3-97）；单击无害化处理信息记录前的复选框，进行无害化处理信息记录的选择，单击"导出"或"打印"按钮，可进行查询结果的导出或打印；单击"添加"按钮，可进行无害化处理信息的添加（图 3-98）；单击"删除"按钮，可实现选定无害化处理信息的删除。单击页面右上角文件链接，可查询《病死畜禽和病害畜禽产品无害化处理管理办法》的相关规定。

"无害化处理信息综合管理"页面的查询结果区域，单击任意无害化处理信息记录，页面跳转到选中无害化处理信息记录的"无害化处理详细信息管理"页面（图 3-97）。页面分类展示无害化的处理原因、处理类型、处理时间、处理方式、处理单位的执业兽医签字等信息，以及用于记录处理过程、确保操作规范的处理过程视频信息。同时，实现保险联动，以是否进行合规的无害化处理作为保险理赔的前提。

图 3-96　无害化处理信息综合管理界面

图 3-97　无害化处理详细信息管理界面

图 3-98　无害化处理详细信息添加界面

| 4 |　畜产品经营流通信息监管系统

经营流通环节是畜禽产品品质保障的重要环节。畜产品经营流通信息监管系统包含畜产品经营企业信息管理、畜产品运输企业信息管理、畜产品冷链物流信息管理、流通销售仓储信息管理和畜产品销售信息管理5个子系统。

4.1　畜产品经营企业信息管理子系统

畜产品经营企业在畜产品供应链中发挥着连接上游生产者和下游消费者的关键作用。畜产品经营企业不仅是产品的流通枢纽，还是质量控制、市场拓展、信息沟通、风险管理等方面的重要参与者。传统的畜产品经营企业信息管理大多采用手工记录统计的方式，存在统计过程烦琐、时效性难以保证、信息传递效率低下、协同管理困难等问题，极大增加了企业信息综合管理的复杂度和难度。

构建畜产品经营企业信息管理子系统，以数字化、信息化的方式充分发挥智慧管理平台操作简便、时效性强等特点，实时管理经营企业信息，促进生产、流通、销售等环节的无缝连接，可有效提高供应链的整体效率和运作水平。畜产品经营企业信息管理子系统采用账户密码登录的形式进行角色控制（图4-1），保

图4-1　系统登录页界面

障畜产品经营企业信息管理的有效性和安全性，系统包含企业信息管理、人事信息管理、成本控制管理、采购计划管理和销售信息管理 5 个模块。

4.1.1 企业信息管理

在系统中注册登记的经营企业必须拥有营业执照、生产许可证、法定代表人等必要信息。企业信息管理模块主要实现企业基本信息、证照信息、经营范围、联系方式、统一社会信用代码等信息的填报、查询和修改。单击菜单栏"企业信息管理"，系统跳转到"经营企业基本信息管理"页面。

（1）经营企业基本信息管理

经营企业基本信息管理用于企业名称、法定代表人、企业类型、注册资本、地址、证照信息、经营范围、联系电话、电子邮箱、主营业务、经营范围、统一社会信用代码、相关合作伙伴、企业负责人、公司简介、注册日期、登记日期、核准日期等材料信息的存储、查询和修改（图4-2）。

图 4-2　经营企业基本信息管理界面

（2）企业经营材料审核

企业经营材料审核用于经营企业营业执照、生产许可证和附件材料扫描图片的管理（图4-3）。点击相关经营材料即可进入子模块浏览、导出、修改相关证照详细信息，点击返回按钮返回上一级经营企业信息管理界面。

图 4-3　企业经营材料审核界面

4.1.2　人事信息管理

根据《中华人民共和国食品安全法》，食品经营企业应当配备食品安全管理人员，加强对其培训和考核。食品经营者应当建立并执行从业人员健康管理制度。从事接触直接入口食品工作的食品经营人员应当每年进行健康检查，取得健康证明后方可上岗工作。人事信息管理模块主要用于管理企业员工的基本信息，包括姓名、职务、年龄、学历、工种和健康状况等。单击菜单栏"人事信息管理"，系统跳转到"人事信息管理"页面（图 4-4）。页面查询条件设定区域提供

图 4-4　人事信息管理界面

多种综合查询功能，查询结果以表格形式分页展示企业所有人员信息。单击"导出"或"打印"按钮，可对查询结果进行导出或打印操作。单击"添加"按钮，可进行新员工信息的添加，在查询结果表格中选择任意行并单击"修改"按钮，系统跳转到选中员工信息的详细信息管理页面，可进行员工信息的修改。单击"删除"按钮，可实现选定员工信息的删除。

4.1.3　成本控制管理

成本控制管理模块是为帮助企业实现对各项成本的有效管理和控制而设计，能够有效提高企业的财务管理效率和经济效益。单击菜单栏"成本控制管理"，系统跳转到"成本控制管理"页面（图4-5）。该模块包含成本预算指标、分配预算金额、各项目成本实际支出、各项目成本效益等基本信息。同时该模块将根据各个项目成本数据提供成本结构的饼状图表、项目成本的变化趋势折线图和各个项目成本与效益的关联性分析，以供管理人员进行决策，提高经济效益。

图4-5　成本控制管理界面

4.1.4　采购计划管理

采购计划管理模块是确保畜产品经营企业能够高效、准确地进行畜产品采购的关键，帮助企业完成采购计划制定、跟踪与协调，提高采购效率，降低采购成本。单击菜单栏"采购计划管理"，系统跳转到"采购计划管理"页面（图4-6）。查询条件设定区域提供多种综合查询功能，查询结果以表格形式分页展示企业所有采购计划信息记录。单击"导出"或"打印"按钮，可对查询结果进行导出或打印操作。单击"添加"按钮,可进行采购计划信息的添加,在查询结果表格中选择任意行并单击"修改"按钮,系统跳转到选中采购计划的详细信息管理页面,可进行采购计划信息的修改。单击"删除"按钮,可实现选定采购计划信息的删除。

图 4-6　采购计划管理界面

4.1.5　销售信息管理

经营企业销售记录为企业销售管理提供关键信息。通过销售时间、地点、数量、价格和购买者等信息,可以跟踪销售趋势,建立客户档案,识别主要销售区,分析销售业绩,以便针对性地调整销售策略和管理决策。销售信息管理模块主要实现销售品种、数量、价格、销售时间、销售畜产品编号和地区等信息的管理,包括增加、修改、删除和多条件综合查询(图 4-7)。

图 4-7　销售信息管理界面

4.2 畜产品运输企业信息管理子系统

根据《动物运输防疫管理办法（草案）》第五条，国家对从事动物运输的单位、个人以及车辆实行备案管理。县级以上地方人民政府农业农村主管部门应当建立备案管理制度，做好从事动物运输的单位、个人以及车辆的备案管理工作。畜产品运输需保证运输过程中所涉及的企业、车辆以及人员信息登记在册。纸质记录不易保存，且查询、修改以及统计效率低下。采用现代化信息手段，建立畜产品运输企业信息管理子系统，对于效率的提高以及人员的消耗都有着至关重要的作用。畜产品运输企业信息管理子系统采用密码登录的形式进行角色控制（图4-8），保障不同权限用户的数据管理的安全、准确、高效。系统主要包括企业信息管理、车辆信息管理、人员信息管理和产品信息管理4个功能模块（图4-9）。

图4-8　系统登录页界面

图4-9　系统导航页界面

4.2.1　企业信息管理

企业基本信息管理可有效确保企业的合规性、内部管理的有效性以及与外部环境的良好交互。通过准确记录和更新公司名称、注册地址、法定代表人等核心数据，有助于建立良好的企业形象，吸引客户和投资者，从而推动企业稳健发展。企业信息管理模块主要用于畜产品运输企业基本信息的管理，包括单位名称或个人姓名、统一社会信用代码或个人身份证号、畜禽运输车数量及车牌号、联系人及联系电话、备案号，以及备注的添加、删除、修改、查询、导出及打印。单击系统导航页的"企业信息管理"图标或菜单栏，进入企业信息管理页面（图 4-10）。

图 4-10　企业信息管理界面

4.2.2　车辆信息管理

运输企业车辆信息的管理，有助于提升运输效率和服务质量，有效控制运输成本、增强竞争力，确保企业长期稳健发展。车辆信息管理模块主要用于运输车辆信息的综合管理，包括运输车牌号、车辆所有者姓名、车辆品牌名及型号、车辆颜色、核定最大运载量等。单击系统导航页的"车辆信息管理"图标或菜单栏，进入企业车辆信息管理页面（图 4-11）。页面左侧查询条件设定区，可以输入车辆的车牌号或者车辆拥有者姓名进行车辆查询条件设定，单击"查询"按钮，右侧结果显示区域以表格形式分多页展示车辆信息的查询结果，默认展示企业所有车辆信息记录。单击任意车辆信息记录，页面跳转到"车辆详细信息管理"页面（图4-12）；单击"导出"或"打印"按钮，可进行查询结果的导出或打印；单击"添加"按钮，可进行车辆信息的添加；单击"删除"按钮，可实现选定车辆信息的删除。

图 4-11　车辆信息管理界面

图 4-12　车辆详细信息管理界面

4.2.3　人员信息管理

　　人员信息管理模块主要用于畜产品运输企业驾驶员信息的管理，包括驾驶人员姓名、身份证号码、驾驶车辆类型及车牌号等。单击系统导航页的"人员信息管理"图标或菜单栏，进入企业人员信息管理页面（图 4-13）。页面左侧查询条件设定区，可以输入驾驶员姓名、身份证号等信息进行人员信息查询条件设定，单击"查询"按钮，右侧结果显示区域以表格形式分多页展示企业驾驶人员信息的查询结果，默认展示企业所有驾驶人员信息记录。单击任意驾驶人员信息记录，页面跳转到"人员详细信息管理"页面（图 4-14）；单击"导出"或"打印"按钮，可进行查询结果的导出或打印；单击"添加"按钮，可进行驾驶人员信息的添加；单击"删除"按钮，可实现选定驾驶人员信息的删除。

图 4-13 人员信息管理界面

图 4-14 人员详细信息管理界面

4.2.4 产品信息管理

产品信息管理模块用于全面高效地管理企业运输的所有产品的相关信息，包括产品名称、规格、数量、产品类型，以及运输过程中所涉及的起始地及目的地、运输人员和运输企业信息。单击系统导航页的"产品信息管理"图标或菜单栏，进入企业运输的产品信息管理页面（图4-15）。页面左侧查询条件设定区，可以输入产品名称、运输编号等信息进行产品信息查询条件设定，单击"查询"按钮，右侧结果显示区域以表格形式分多页展示企业运输的产品信息的查询结果，默认展示企业所有运输的产品信息记录。单击任意产品信息记录，页面跳转到"产品详细信息管理"页面（图4-16）；单击"导出"或"打印"按钮，可进行查询结果的导出或打印；单击"添加"按钮，可进行企业运输的产品信息的添加；单击"删除"按钮，可实现选定产品信息的删除。

图4-15　产品信息管理界面

图4-16　产品详细信息管理界面

4.3 畜产品冷链物流信息管理子系统

畜产品冷链物流作为连接畜牧业生产和消费的重要桥梁，对于保障畜产品质量、减少损耗、维护食品安全、满足消费者对新鲜高品质肉类制品的需求具有至关重要的作用。然而，传统的畜产品冷链物流信息管理往往依赖于人工操作和纸质记录，存在信息传递滞后、数据准确性差、资源调度不精准等问题，难以实现运输全程温度实时精准监控和运输资源高效调度，制约了整个冷链系统的效能提升。

构建畜产品冷链物流信息管理子系统，采用信息化手段，实时监控畜产品运输全过程，可确保产品在整个运输过程的质量安全。畜产品冷链物流信息管理子系统采用密码登录的形式进行角色控制（图 4-17），保障不同权限用户的数据管理的安全、准确、高效，系统包括运输车辆管理、产品库存管理、实时跟踪管理和客户服务管理 4 个功能模块（图 4-18）。

图 4-17 系统登录页界面

图 4-18 系统导航页界面

4.3.1 运输车辆管理

冷链运输是确保肉类、奶制品、蛋类等易腐畜禽产品从生产到消费的整个过程中保持新鲜和安全的关键环节。运输车辆管理模块主要实现畜产品运输车辆相关信息的综合管理，包括运输车辆的车牌号、路径信息、消毒证明、运输环境，以及运输的畜禽产品种类、数量、畜禽编号、饲料种类、饲喂人等。单击系统导航页的"运输车辆管理"图标或菜单栏，进入运输车辆信息综合管理页面（图4-19）。单击"导出"或"打印"按钮，可导出或打印企业所有运输车辆综合信息。选择任意运输车辆信息记录，系统跳转至"运输车辆详细信息管理"页面（图4-20）。单击任意运输车辆信息记录后的"修改"按钮，系统跳转到选

图 4-19　运输车辆信息综合管理界面

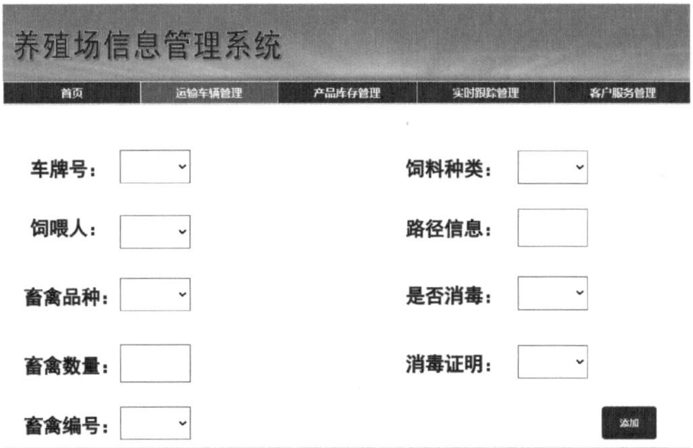

图 4-20　运输车辆详细信息管理界面

中运输车辆信息的详细信息管理页面，可进行信息的修改；单击"删除"按钮，可实现选定运输车辆信息的删除。

4.3.2　产品库存管理

冷链仓储主要用于物流过程中储存和运输温度敏感商品。实时监控和管理库存情况，跟踪产品进出库记录，是确保物流过程可追溯性、优化仓储空间利用率的关键。产品库存管理模块主要实现畜产品冷链运输过程中冷链仓储信息的综合管理，包括产品的入库、出库和库存变动情况。单击系统导航页的"产品库存管理"图标或菜单栏，进入"库存信息管理"页面（图 4-21）。页面上侧查询条件设定区域可进行综合查询条件设定，结果显示区域以表格形式分多页展示产品库存信息的查询结果，默认展示企业所有产品库存信息记录。单击"导出"或"打印"按钮，可进行查询结果的导出或打印；单击"添加"按钮，系统调整到"入库信息管理"页面（图 4-22），可进行产品入库信息的添加；单击选定任意库存信息记录，并单击"删除"按钮，可实现选定信息的删除。

图 4-21　库存信息管理界面

"库存信息管理"页面单击"添加"按钮，系统跳转到"入库信息管理"页面（图 4-22），可实现入库信息的添加。入库管理中每创建一条入库记录，系统自动生成单据编号，填写信息包括采购单号、供应商、收货仓库、入库时间、经手人和入库明细等。

"库存信息管理"页面，单击选定要出库的库存信息记录，并单击"添加"按钮，系统跳转到"出库信息管理"页面（图 4-23），可实现出库信息的添加，包括出库日期、出库明细（货品编码、货品类别、出库数量、价格、剩余库存等），系统自动显示出库总价。单击"提交"按钮，系统自动更新库存信息。

图 4-22　入库信息管理界面

图 4-23　出库信息管理界面

4.3.3　实时跟踪管理

实时跟踪管理模块用于实时监控和跟踪畜产品运输过程中运输车辆的位置。基于实时跟踪的数据，系统自动进行路线规划，根据实际情况实时更新最优运输路线，以确保产品能够以最快、最安全的方式到达目的地。单击系统导航页的"实时跟踪管理"图标或菜单栏，进入"实时跟踪管理"页面（图 4-24）。页面左侧输入运输单号，可以实时追踪物流的整体信息与具体位置。

图 4-24　实时跟踪管理界面

4.3.4　客户服务管理

客户服务管理模块通过客户服务评价、投诉反馈等方式，为用户搭建高效便捷的服务意见反馈平台，提升客户满意度和市场竞争力，确保业务顺利运营和持续发展。单击系统导航页的"客户服务管理"图标或菜单栏，进入"客户服务管理"页面（图 4-25），用户可以通过平台客服、物流客服、热线电话等方式向企业反馈产品冷链运输服务相关问题。

图 4-25　客户服务管理界面

4.4　流通销售仓储信息管理子系统

畜产品由于其易腐性和温度敏感性，对存储环境的要求相对严格。在到达消费者手中之前，经营销售企业必须确保存储条件符合相关标准和法规，以保障产品的质量安全。现代仓储管理中，有效的信息管理是提升仓储管理整体水平的核心要素。

当前畜产品流通销售仓储信息的管理主要依赖于人工记录的方式，准确性低、处理速度慢且耗费大量时间和人力成本，同时，纸质记录需要大量的物理存储空间，数据分散，导致发生突发事件（如温度异常、产品召回）时，难以快速获取所需信息，影响应急响应速度。构建畜产品流通销售仓储信息管理系统，采用信息化的手段，精确管理畜产品从入库到出库的全过程信息，可显著提升仓储管理水平和运作效率，确保畜产品在到达消费者之前始终保持最佳状态。流通销售仓储信息管理子系统采用密码登录的形式进行角色控制（图4-26），保障不同权限用户的数据管理的安全、准确、高效，系统包含仓库信息管理、入库信息管理、出库信息管理、库存信息管理和配送信息管理5个功能模块（图4-27）。

图 4-26　系统登录页界面

图 4-27　系统导航页界面

4.4.1 仓库信息管理

仓库信息管理模块用于管理流通销售企业的所有仓库信息，包括仓库编号、位置、容量、负责人等，方便实时监控和调配库存。单击系统导航页的"仓库信息管理"图标或菜单栏，进入畜产品流通销售企业仓库信息综合管理页面（图4-28）。页面上侧查询条件设定区域可进行综合查询条件设定，结果显示区域以表格形式分多页展示企业仓库信息的查询结果，默认展示企业所有仓库信息记录。单击"导出"或"打印"按钮，可进行查询结果的导出或打印；单击"添加"按钮，系统调整到"仓库详细信息管理"页面（图4-29），可进行仓库信息的添加；单击选定任意仓库信息记录，并单击"删除"按钮，可实现选定仓库信息的删除。仓库编号是区别不同仓库信息的主要条件，唯一、不可修改且不可缺失。

图 4-28　仓库信息综合管理界面

图 4-29　仓库详细信息管理界面

4.4.2　入库信息管理

入库信息管理模块主要实现畜产品入库信息的管理，包括入库单号、商品种类、生产日期、批次信息等，确保产品入库后库存信息及时更新。单击系统导航页的"入库信息管理"图标或菜单栏，进入畜产品流通销售企业入库信息综合管理页面（图4-30）。页面上侧查询条件设定区域可进行综合查询条件设定，结果显示区域以表格形式分多页展示企业产品入库信息的查询结果，默认展示企业所有产品入库信息记录。单击任意入库信息记录，页面跳转到"入库详细信息管理"页面（图4-31）；单击"导出"或"打印"按钮，可进行查询结果的导出和打印；单击"添加"按钮可进行产品入库信息的添加；查询结果表格中选择任意行，单击"编辑"按钮跳转至选定的"入库详细信息管理"页面的信息修改状态，可进行选定信息的修改；单击"删除"按钮，可实现选定信息的删除。

图 4-30　入库信息综合管理界面

图 4-31　入库详细信息管理界面

4.4.3 出库信息管理

出库信息管理模块负责流通销售企业产品移出仓库（包含销售发货、内部调拨）的所有信息记录的管理，包括出库单号、出库数量、商品种类、出库日期、出库原因等，确保产品出库后库存信息及时更新。单击系统导航页的"出库信息管理"图标或菜单栏，进入企业出库信息综合管理页面（图4-32）。页面上侧查询条件设定区域可进行综合查询条件设定，结果显示区域以表格形式分多页展示企业产品出库信息的查询结果，默认展示企业所有产品出库信息记录。单击任意出库信息记录，页面跳转到"出库详细信息管理"页面（图4-33）；单击"导出"或"打印"按钮，可进行查询结果的导出或打印；单击"添加"按钮可进行产品出库信息的添加；查询结果表格中选择任意行，单击"编辑"按钮跳转至选定的"出库详细信息管理"页面的信息修改状态，可进行选定信息的修改；单击"删除"按钮，可实现选定信息的删除。

图 4-32   出库信息综合管理界面

"出库信息综合管理"页面单击"添加"按钮，页面跳转至"出库详细信息管理"页面（图4-33），可进行企业出库信息记录的添加。用户需要依次填入畜产品的出库单号（确保编号的唯一性和不可缺失性）、出库数量、商品种类、出库日期、出库原因（主要包括销售出库、调拨出库），信息添加完成后，可选择保存或者退出。如果用户选择保存，则畜产品信息会添加到数据库，下次可查询得到；若选择取消，则添加的信息会从系统消失，再次访问时便查询不到。

图 4-33　出库详细信息管理界面

4.4.4　库存信息管理

　　库存信息管理模块负责流通销售企业所有产品储存仓库的库存信息的管理，包括仓库号、入库单号、产品名称、产品类型、生产批号、库存状态（包括库存充足、库存不足，若总库存低于20，系统会提示用户"提示补货"）等，方便管理人员盘点库存，实时掌握产品库存情况。单击系统导航页的"库存管理"图标或菜单栏，进入企业库存信息综合管理页面（图 4-34）。页面上侧查询条件设定区域可进行综合查询条件设定，结果显示区域以表格形式分多页展示企业产品库存信息的查询结果，默认展示企业所有产品库存信息记录。单击任意库存信息记录，页面跳转到选定信息记录的"库存详细信息管理"页面（图 4-35）；单击"导出"或"打印"按钮，可进行查询结果的导出或打印；单击"添加"按钮，可进行产品库存信息的添加；查询结果表格中选择任意行，单击"编辑"按钮跳转至选定的"库存详细信息管理"页面的信息修改状态，可进行选定信息的修改；单击"删除"按钮，可实现选定库存信息记录的删除。

　　"库存信息综合管理"页面单击"添加"按钮，页面跳转至"库存详细信息管理"页面（图 4-35），可进行企业库存信息记录的添加。用户需要依次填入畜产品的批次号（确保编号的唯一性和不可缺失性）、商品名称、库存数量、仓库号（唯一性）、库存状态，信息添加完成后，可选择保存或者退出。如果用户选择保存，则畜产品信息会添加到数据库，下次可查询得到；若选择取消，则添加的信息会从系统消失，再次访问时便查询不到。

图 4-34　库存信息综合管理界面

图 4-35　库存详细信息管理界面

4.4.5　配送信息管理

配送信息管理模块负责流通销售企业所有产品配送信息的管理，包括配送单号、司机姓名、身份证号、联系方式、开始配送时间、预计送达时间、始发地、目的地、订单状态（未派送、正在配送、已送达）等信息，确保产品按时送达客户手中。订单状态是决定产品是否到达用户手中的最重要信息，始发地和目的地决定产品的预计送达时间。单击系统导航页的"配送管理"图标或菜单栏，进入企业产品配送信息综合管理页面（图 4-36）。页面上侧查询条件设定区域可进行综合查询条件设定，结果显示区域以表格形式分多页展示企业产品配送信息的查询结果，默认展示企业所有产品配送信息记录。单击任意产品配送信息记录，页面跳转到选定信息记录的"配送详细信息管理"页面（图4-37）；单击"导出"或"打印"按钮，可进行查询结果的导出或打印；单击"添加"按钮，可进行产品配送信息的添加；查询结果表格中选择任意行，单击"编辑"按钮跳转至选定的"配送详细信息管理"页面的信息修改状态，可进行选定信息的修改；单击"删除"按钮，可实现选定配送信息记录的删除。

图4-36 配送信息综合管理界面

图4-37 配送详细信息管理界面

4.5 畜产品销售信息管理子系统

产品销售信息对于畜产品经营销售企业实时掌握产品销售和库存状况、合理安排采购计划、避免库存积压或缺货、提高销售效率和降低库存成本至关重要。高效的畜产品销售信息管理，不仅能够帮助企业优化销售策略、促进品牌建设和市场拓展，还能够加强供应链协同和风险管理，为企业的可持续发展提供有力保障。

依赖于传统方式（如口头协商、手工账目等）的销售信息记录，受人为因素影响大，存在信息更新滞后、数据错漏、交易过程不透明等问题，难以满足现代市场对交易效率、精准营销及风险防控的需求。构建畜产品销售信息管理子系统，运用信息化技术对畜产品的销售全过程信息进行数字化、网络化管理，能够显著提升销售管理水平，实现精细化运营。系统采用用户身份验证机制（图4-38），确保不同权限的用户在安全、准确、高效的环境中进行数据操作，包含销售订单管理、客户信息管理、库存管理和销售数据统计4个功能模块（图4-39）。

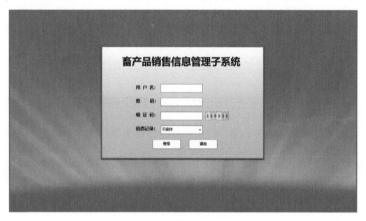

图 4-38 系统登录页界面

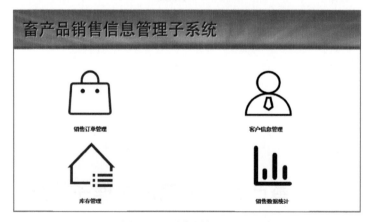

图 4-39 系统导航页界面

4.5.1 销售订单管理

销售订单管理模块主要实现畜产品流通销售企业的销售订单信息的管理，便于清晰了解订单详细情况，提高订单处理效率，确保订单顺利完成。单击系统导航页的"销售订单管理"图标或菜单栏，进入畜产品流通销售企业销售订单信息综合管理页面（图 4-40）。页面上侧查询条件设定区域可进行综合查询条件设定，查询字段包括订单号、客户姓名、下单时间、产品详情、支付状态、销售地区等。页面下侧结果显示区域以表格形式分多页展示企业销售订单信息的查询结果，默认展示企业所有销售订单信息记录，包括订单号、客户姓名、销售地区、商品名称、商品号、支付状态、下单时间等信息。单击"导出"或"打印"按钮，可进行查询结果的导出或打印；单击"添加"按钮，系统调整到"销售订单详细信息管理"页面（图 4-41），可进行销售订单信息的添加；单击选定任意销售订单信息记录，并单击"删除"按钮，可实现选定销售订单信息的删除。

图 4-40　销售订单信息综合管理界面

"销售订单信息综合管理"页面的查询结果区域，单击任意销售订单信息记录，页面跳转到选中销售订单信息记录的"销售订单详细信息管理"页面（图 4-41），可实时查看销售订单的详细信息，包括订单号（具有唯一性）、客户姓名、商品名称、商品号、销售地区、下单时间、支付状态等。

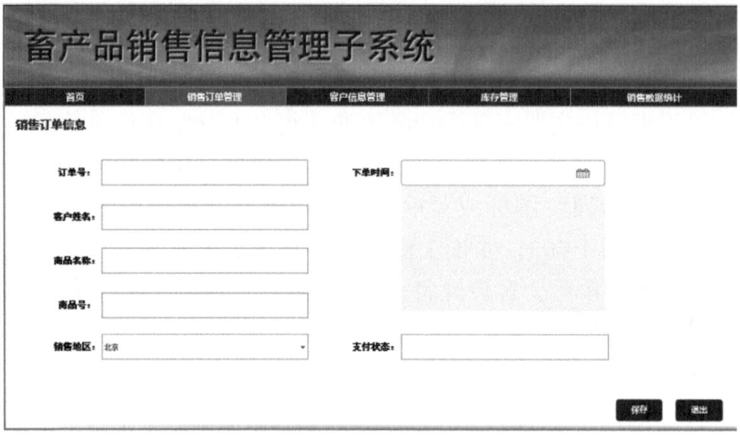

图 4-41　销售订单详细信息管理界面

4.5.2　客户信息管理

客户信息管理模块主要实现畜产品流通销售企业的客户信息的管理，便于清晰了解产品购买客户的详细信息。单击系统导航页的"客户信息管理"图标或菜单栏，进入畜产品流通销售企业客户信息综合管理页面（图 4-42）。页面上侧查询条件设定区域可进行综合查询条件设定，查询字段包括联系方式、客户姓名、邮箱、地址信息、购买次数、最近下单信息、交易金额等。页面下侧结果显示区域以表格形式分多页展示企业客户信息的查询结果，默认展示企业所有客户

图 4-42　客户信息综合管理界面

信息记录，包括联系方式、客户姓名、邮箱、地址、购买次数、最近下单信息、交易金额等信息。单击"导出"或"打印"按钮，可进行查询结果的导出或打印；单击"添加"按钮，系统跳转到"客户详细信息管理"页面（图 4-43），可进行客户信息的添加；单击选定任意客户信息记录，并单击"删除"按钮，可实现选定客户信息的删除。

"客户信息综合管理"页面的查询结果区域，单击任意客户信息记录，页面跳转到选中客户信息记录的"客户详细信息管理"页面（图 4-43），可实时查看客户详细信息，包括客户姓名、联系方式、邮箱、地址、购买次数、最近下单时间、支付金额等。

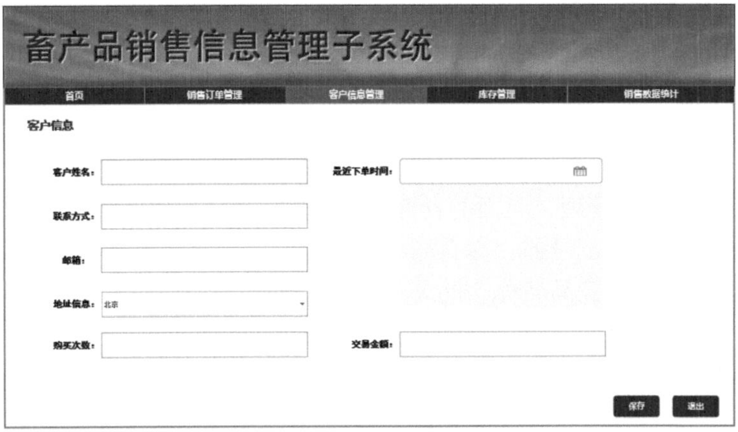

图 4-43　客户详细信息管理界面

4.5.3　库存管理

库存信息管理模块负责管理和监控企业库存情况。单击系统导航页的"库存管理"图标或菜单栏，进入畜产品流通销售企业库存信息综合管理页面（图 4-44）。页面上侧查询条件设定区域可进行综合查询条件设定，查询字段包括商品名称、批次号、库存数量、状态等。页面下侧结果显示区域以表格形式分多页展示企业库存信息的查询结果，默认展示企业所有库存信息记录，包括商品名称、批次号、库存数量、状态等信息。当货物数量少于 20 件时，状态栏会显示提醒补货消息。单击"导出"或"打印"按钮，可进行查询结果的导出或打印；单击"添加"按钮，系统跳转到"库存详细信息管理"页面（图 4-45），可进行库存信息的添加；单击选定任意库存信息记录，并单击"删除"按钮，可实现选定库存信息的删除。

图 4-44　库存信息综合管理界面

"库存信息综合管理"页面的查询结果区域，单击任意库存信息记录，页面跳转到选中库存信息记录的"库存详细信息管理"页面（图 4-45），可实时查看库存详细信息，包括商品名称、批次号、库存数量、库存状态等。

图 4-45　库存详细信息管理界面

4.5.4　销售数据统计

销售数据统计模块主要实现销售数据总览、销售趋势分析、产品销售分析、销售报表生成。单击系统导航页的"销售数据统计"图标或菜单栏，进入畜产品流通销售企业销售数据总览页面（图4-46）。销售数据总览以图表清晰描述不同种类畜产品的销售情况，管理者可根据实际情况进行销售策略的调整，优化销售业绩。

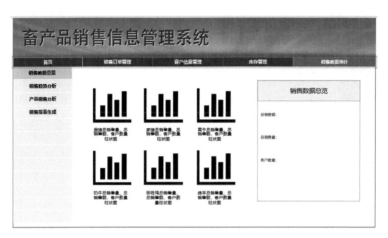

图4-46　销售数据总览界面

"销售数据总览"页面单击左侧导航栏"销售趋势分析"，系统跳转至"销售趋势分析"页面（图4-47）。销售趋势分析采用图表清晰呈现销售额或销售量随时间变化的趋势，用于展示销售业绩和变化的趋势，管理者可以进行针对性调整，提高销售效率。

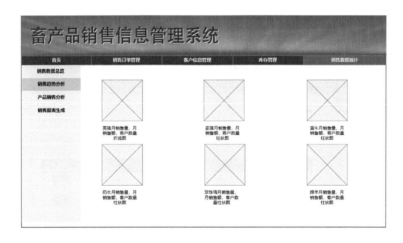

图4-47　销售趋势分析界面

"销售数据总览"页面单击左侧导航栏"产品销售分析",系统跳转至"产品销售分析"页面(图4-48)。产品销售分析采用图表清晰展示各种销售方式排名,包括产品的总销售额排名、总销量排名、客户数量排名、本月销售额排名、本月销售量排名、本月客户数量排名等数据。全面了解近期销售业绩和趋势,有助于企业更好地制定销售策略,根据实际情况进行经营决策调整,优化销售业绩。

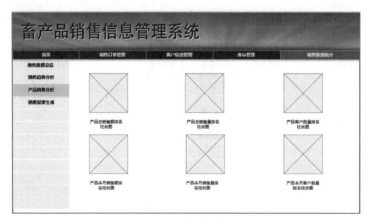

图4-48 产品销售分析界面

"销售数据总览"页面单击左侧导航栏"销售报表生成",系统跳转至"销售报表生成"页面(图4-49)。销售报表生成可以生成多种报表类型,包括产品销售明细表、产品退款明细表、产品退换明细表等,展示生成编号、生成日期、文件名、生成速度、文件大小、操作等信息,点击操作中的下载,可以下载报表。

图4-49 销售报表生成界面

5 畜产品供应链全过程追溯系统

供应链全过程追溯是畜禽产品从源头养殖至消费终端全程质量监控与信息透明的重要手段。畜产品供应链全过程追溯系统包含基于二维码的畜产品基础信息查询、畜产品流量流向全过程追溯、畜产品信息追溯 APP 三个子系统。

5.1 基于二维码的畜产品基础信息查询子系统

随着社会经济发展和人民生活水平提高，公众对畜产品质量安全的关注度日益增加。通过产品质量安全追溯，共享畜产品从牧场到餐桌的全程信息，可大大提高消费者信任度和满意度。根据《中华人民共和国畜牧法》第 72 条，国务院农业农村主管部门应当制定畜禽标识和养殖档案管理办法，采取措施落实畜禽产品质量安全追溯和责任追究制度。

畜产品追溯体系涵盖从畜禽养殖到消费者手中全过程各环节信息管理，包括畜禽养殖过程的饲喂信息管理、生长环境监控、健康状况记录和养殖周期管理，屠宰加工环节的屠宰加工流程、产品质量检测和副产品处理，物流仓储的运输路径、存储条件，以及检验检疫的标准执行情况等。构建基于二维码的畜产品基础信息查询系统，紧密衔接畜产品各环节关键信息，用户扫描产品包装上的二维码，即可实时获取详尽的畜产品追溯信息，显著提升信息查询的效率。基于二维码的畜产品基础信息查询子系统采用密码登录的形式进行角色控制（图 5-1），

图 5-1　系统登录页界面

保障不同权限用户的数据管理的安全、准确、高效，系统包括畜产品基础信息录入、二维码展示、产品信息查询和用户信息管理4个功能模块（图5-2）。

图 5-2　系统导航页界面

5.1.1　畜产品基础信息录入

　　畜产品基础信息录入模块主要实现可追溯畜产品基础信息录入管理，涵盖畜禽产品基础信息、认证信息、畜禽养殖信息和仓储物流等信息，可帮助监管部门加强对产品质量安全的监督管理，满足消费者对产品质量和安全的需求。单击系统导航页的"畜产品基础信息录入"图标或菜单栏，进入畜产品基础信息录入页面（图5-3），按照要求填写完整信息并上传相关证件扫描件后，点击"确认添加"按钮，可实现畜产品基础信息的录入。

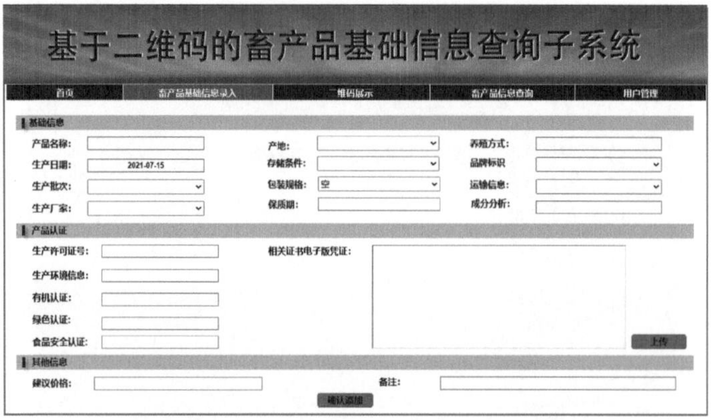

图 5-3　畜产品基础信息录入界面

5.1.2 二维码展示

二维码展示模块负责管理畜产品二维码及其关联的畜产品基础信息。将畜产品基础信息以二维码形式展现，消费者通过扫描产品二维码快速获取产品详细信息，包括产品生产、加工等信息，帮助消费者验证产品真伪，防范假冒伪劣产品流入市场，提升产品的信任度和市场竞争力。单击系统导航页的"二维码展示"图标或菜单栏，进入畜产品详细信息关联的二维码展示页面（图5-4）。页面左侧展示畜产品基础信息，点击右下侧的"信息修改"按钮，可对录入信息进行修改，确认无误后点击"信息确认"按钮保存更新信息；点击"二维码生成"按钮，可在页面右侧框图中生成存储了该畜产品详细信息的二维码；点击"导出并保存"可将生成的二维码保存在本地。

图 5-4　畜产品详细信息关联的二维码展示界面

5.1.3 产品信息查询

畜产品基础信息追溯能够有效增强消费者对产品质量的信任度和满意度。产品信息查询模块主要实现畜产品基础信息的多条件综合查询，用户可以实时了解产品的来源、生产过程等关键信息，有助于加强产品的溯源追踪和反假防伪，助力监管部门高效维护畜产品销售市场的良好秩序，维护消费者的合法权益。单击系统导航页的"畜产品信息查询"图标或菜单栏，进入畜产品详细信息查询页面（图5-5）。畜产品基础信息查询有两种方式：一是对感兴趣的畜产品进行检索，通过在页面左侧筛选字段名称或输入查询公式进行查询，在页面中部会显示索引列表，选择感兴趣的畜产品，点击"查询"会在页面右侧展示该产品对应的二维码；二是使用手机等设备扫描页面中部显示的二维码，相关畜产品的详细信息会显示在手机端等设备。

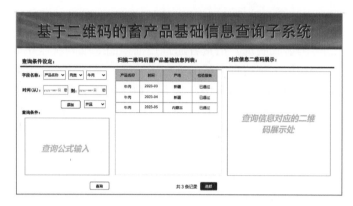

图 5-5　畜产品详细信息查询界面

5.1.4　用户信息管理

用户信息管理可以对系统的访问权限进行精细化控制，确保只有授权的用户才能访问系统，有效防止未经授权的人员进行非法访问或操作，提高系统的安全性。用户信息管理模块负责管理系统用户信息及其权限信息，包括用户列表、用户信息、权限管理和密码管理 4 个部分。单击系统导航页的"用户管理"图标或菜单栏，进入用户信息综合管理页面（图 5-6）。用户列表主要功能是对该系统所有用户信息总览，点击页面顶部"整理""编辑""删除""导入"和"导出"按钮，可对列表内容进行操作。

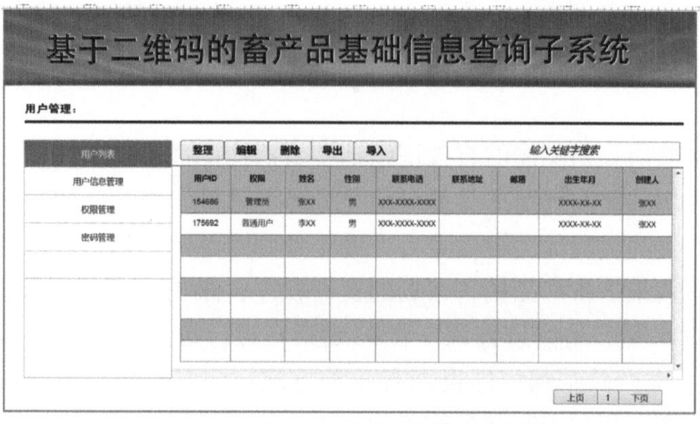

图 5-6　用户信息综合管理界面

　　"用户信息综合管理"页面单击左侧列表的"用户信息管理"选项，系统跳转到"用户详细信息管理"页面（图5-7），管理用户详细信息。点击"添加""修改"可对页面中表格信息进行编辑，点击"确定"按钮保存用户详细信息。

图5-7　用户详细信息管理界面

　　"用户信息综合管理"页面单击左侧列表的"权限管理"选项，系统跳转到"用户权限管理"页面（图5-8），管理用户权限信息。点击列表尾部"添加"按钮，对用户的权限进行添加，如果添加成功，按钮部位会显示"已添加"，页面下部列表可以通过下拉选择权限等级，总览该权限等级的用户个数。

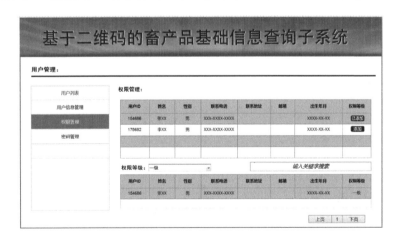

图5-8　用户权限管理界面

"用户信息综合管理"页面单击左侧列表的"密码管理"选项,系统跳转到"用户密码管理"页面(图5-9),提供用户密码管理服务,可对系统用户的密码进行修改、重置等操作。

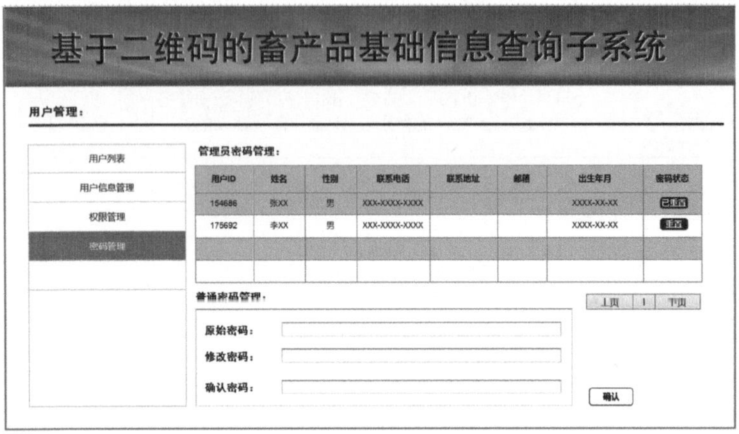

图5-9　用户密码管理界面

5.2　畜产品流量流向全过程追溯子系统

畜产品流量流向全过程追溯不仅能助力企业更好地理解市场需求、优化生产和库存管理、提高运营效率,还能支持企业战略决策,增强市场竞争力,确保企业长期可持续发展。目前,我国畜产品全过程追溯还不成熟,仍存在供应链中各环节参与方信息系统不同、数据标准不统一、数据共享意愿不足等问题,难以实现畜产品流量流向全过程追溯。

建立畜产品流量流向全过程追溯子系统,通过信息化手段,可实现对畜产品进行标识和追踪溯源。建立畜产品溯源数据库,整合各环节关键信息,形成完整的溯源链条,实现畜产品生产、加工、运输、销售等环节流量流向信息的全过程追踪溯源,可有效提升畜产品供应链的透明度和可信度。在产品质量问题或风险事件发生时,可以快速定位问题源头并及时采取措施,防止问题进一步扩大。畜产品流量流向全过程追溯子系统采用密码登录的形式进行角色控制(图5-10),保障不同权限用户的数据管理的安全、准确、高效,系统包含生产信息追溯、加工信息追溯、运输轨迹追溯和销售信息追溯4个功能模块(图5-11)。

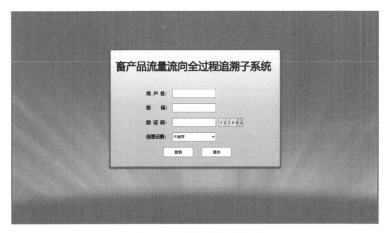

图 5-10　系统登录页界面

图 5-11　系统导航页界面

5.2.1　生产信息追溯

生产信息追溯模块是确保畜产品追溯全程的关键部分，旨在记录和追溯畜产品生产环节的关键信息，确保产品质量与安全，提高畜产品供应链的透明度和可信度。单击系统导航页的"生产信息追溯"图标或菜单栏，进入畜产品生产信息追溯页面（图5-12），包括产品批次信息、养殖场信息、出栏信息、饲喂信息、兽药使用情况、疾病防控情况、动物健康情况、个体唯一标识二维码等畜禽个体养殖过程信息，覆盖了畜产品的生产全过程。

图 5-12　畜产品生产信息追溯界面

养殖场等生产企业可以在系统内录入畜禽生产过程中的各项关键信息，包括养殖时间、地点、畜禽个体情况、饲喂情况、兽药使用情况、产品流量流向等，这些信息将被系统记录并与产品生产批次相关联（图 5-13）。系统会为每个畜禽个体自动生成唯一的标识二维码，包含畜产品必要的生产信息，并将其与生产批次相关联，方便后续查询追溯。

图 5-13　生产环节流量流向界面

生产信息追溯功能允许用户根据产品种类、时间范围、产品批次号等条件查询特定种类、特定时期或特定批次的畜产品生产信息，以便实现产品的全程追溯（图 5-14）。此外，用户还可以将追溯到的畜产品生产信息导出为报表或文件格式，方便共享给监管部门、合作伙伴或其他利益相关者。

图 5-14　畜产品生产信息查询界面

5.2.2　加工信息追溯

记录畜产品的加工信息有助于监控加工过程中的关键信息，追溯产品的来源、加工过程和流向，确保产品符合质量标准和安全要求，提高产品的可追溯性和可信度。加工信息追溯功能模块主要负责记录和追溯畜产品加工过程的关键信息，包括产品来源、加工时间、地点、工艺、人员、设备等，确保产品质量与安全（图 5-15）。

图 5-15　畜产品加工信息追溯界面

加工信息追溯模块支持畜产品加工企业输入产品加工时间、地点、工艺、人员、设备等加工过程信息及产品流量流向，并将其与每个个体的唯一标识二维码相关联，方便后续查询追溯（图5-16）。通过记录产品加工过程信息，有助于及时发现和排查潜在的风险因素，减少产品质量问题和安全隐患。

图 5-16　加工环节流量流向界面

加工信息追溯功能允许用户根据产品种类、时间范围、产品批次号等条件查询特定种类、特定时期或特定批次的畜产品加工信息，以便实现产品的全程追溯（图5-17）。此外，用户还可以将追溯到的畜产品加工信息导出为报表或文件格式，方便共享给监管部门、合作伙伴或其他利益相关者，有助于全程监控和管理产品加工过程，满足监管要求和消费者需求。

图 5-17　畜产品加工信息查询界面

5.2.3 运输轨迹追溯

运输轨迹追溯模块通过记录和追踪畜产品从养殖场到加工厂再到消费者手中的运输轨迹，以确保产品的安全性和可追溯性（图 5-18）。该模块包括运输信息录入、轨迹实时监控、历史轨迹查询、可视化展示、异常事件处理及数据导出共享等功能。通过这些功能，用户可以实时监控运输车辆的位置和运行轨迹，查询特定时间段/特定产品的运输轨迹记录，确保运输过程的安全性和可追溯性，以满足监管要求和消费者需求。

图 5-18　畜产品运输轨迹查询界面

运输轨迹追溯模块支持运输企业或相关人员录入畜产品运输轨迹的相关信息，如起点、终点、运输车辆、运输路线、运输量等运输过程信息，并将其与畜禽个体的二维码相关联，方便后续查询追溯。系统允许用户根据产品种类、运输时间、产品批次号等条件查询特定种类、特定时期或特定批次的畜产品运输信息，以便实现产品的全程追溯。此外，用户还可以将追溯到的畜产品运输轨迹分享给监管部门、合作伙伴或其他利益相关者，有助于全程监控和管理产品运输过程，满足监管要求和消费者需求。

运输轨迹可视化界面左侧通过地图展示了从起点到终点的车辆运输轨迹，右侧显示了畜产品流通过程中关键事件的时间点及流向地（图 5-19）。

图 5-19　畜产品运输轨迹可视化界面界面

5.2.4　销售信息追溯

销售信息追溯模块提供销售信息录入、历史销售信息查询、销售信息可视化展示及数据导出共享等功能，以确保销售过程的可追溯性和透明度，满足监管要求和消费者需求。该模块支持销售商或零售商录入销售信息，包括销售时间、地点、销售渠道、销售数量、销售价格等销售信息和产品流量流向，并将其与畜禽个体的二维码相关联，方便后续查询追溯（图 5-20、图 5-21）。

图 5-20　畜产品销售信息追溯界面

图 5-21　销售环节流量流向界面

系统允许用户根据产品种类、销售区域、产品批次号等条件查询特定种类、特点区域或特定批次的畜产品销售信息，以便实现产品的全程追溯（图 5-22）。此外，用户还可以将追溯到的畜产品销售信息分享给监管部门、合作伙伴或其他利益相关者，有助于全程监控和管理产品运输过程，满足监管要求和消费者需求。

图 5-22　畜产品销售信息查询界面

5.3　畜产品信息追溯 APP

畜产品信息追溯可以实现从养殖、运输、屠宰、储藏、加工、分销到最终消费的全程跟踪和管理，对现代畜牧业和食品安全管理具有重要的意义。通过追溯系统可以准确追踪畜产品的来源，提供畜产品真实性和安全性的有效关键信息，有助于提升企业品牌形象，增强产品市场竞争力，提高消费者信任。

基于物联网、大数据、区块链的追溯系统可以促进企业更好地管理生产过程，提高生产效率和管理水平，同时帮助企业及时发现和控制供应链中的风险，减少损失。而且，监管部门可以通过追溯系统获取实时数据，实现精准监管，提高监管效率，同时政策制定和科学决策提供有力支持。因此，畜产品信息追溯系统的建设可以实现畜牧业的可持续发展，提升整个行业的竞争力和管理水平。畜产品信息追溯 APP 采用密码登录的形式进行角色控制（图 5-23），保障不同权限用户数据管理的安全、准确、高效，系统包含录入信息、养殖追溯、屠宰加工追溯、储藏追溯、运输追溯和销售追溯 6 个功能模块（图 5-24）。将畜禽从养殖、屠宰加工、储藏、运输、零售全流程纳入追溯，形成畜禽养殖的全流程信息化管理。

图 5-23　系统登录页界面

图 5-24　系统导航页界面

5.3.1　信息录入

信息录入模块主要实现畜产品生产流通全过程信息管理。从源头养殖开始，通过畜禽编码统一管理畜禽养殖、屠宰加工、仓储运输直到销售全过程各环节信息，消费者通过扫描产品追溯码实现一码追溯源头及畜产品生产全过程。单击系统导航页的"录入信息"图标或菜单栏，进入畜产品生产流通全程信息录入页面（图5-25），录入信息包括畜禽来源养殖场、畜禽种类、畜禽健康状况、所在养殖场圈舍位置、录入操作员、幼崽出生时间等，畜禽编号可拍照、扫描、批量上传。

图5-25　全程信息录入界面

5.3.2　养殖追溯

养殖追溯模块主要实现畜产品相关的养殖信息追溯。单击导航页的"养殖追溯"图标或菜单栏，进入畜产品养殖信息追溯页面（图5-26），用户通过 PC 管理后台、小程序或 RFID 手持终端扫描畜产品追溯码，单击"点击查询"按钮，即可实现养殖信息追溯。

"养殖信息追溯"页面，输入产品编号或扫描产品追溯码后，单击"点击查询"按钮，系统跳转到"畜产品养殖详细信息追溯"页面（图5-27）。可以查看畜禽种类、畜禽年龄、畜禽体重、健康状况、所在圈舍、畜禽检疫报告，以及该畜禽的责任人等信息；权限范围内用户可以查看饲料种类、每次饲喂量、以及最近一次饲喂时间、最后一次饲喂时间、饲养责任人和预计下次饲喂时间等饲喂信息，并可以通过多个角度实时监控和回放查看该畜禽的状态。

图 5-26 养殖信息追溯界面

图 5-27 畜产品养殖详细信息追溯界面

5.3.3 屠宰加工追溯

屠宰加工追溯模块主要实现畜产品相关的屠宰加工信息追溯。单击导航页的"屠宰加工追溯"图标或菜单栏，进入畜产品屠宰加工信息追溯页面（图 5-28），用户通过 PC 管理后台、小程序或 RFID 手持终端扫描畜产品追溯码，单击"点击查询"按钮，即可实现屠宰加工信息追溯。

图 5-28　屠宰加工信息追溯界面

　　"屠宰加工信息追溯"页面，输入产品编号或扫描产品追溯码后，单击"查询"按钮，系统跳转到"畜产品屠宰加工详细信息追溯"页面（图 5-29）。可以查看屠宰加工进度、屠宰加工单位、畜禽来源、屠宰加工检疫状况、宰前防疫状况、屠宰加工责任人以及开始屠宰加工和完成屠宰加工时间，并且屠宰加工的全过程将会录制全过程视频，通过产品追溯码可以追溯畜禽的屠宰加工前后信息及屠宰加工后的检疫状况和流向信息。

图 5-29　畜产品屠宰加工详细信息追溯界面

5.3.4 储藏追溯

储藏追溯模块主要实现畜产品相关的仓储信息追溯。单击导航页的"储藏追溯"图标或菜单栏，进入畜产品仓储信息追溯页面（图5-30），用户通过PC管理后台、小程序或RFID手持终端扫描畜产品追溯码，单击"点击查询"按钮，即可实现仓储信息追溯。

图 5-30　储藏追溯界面

"储藏追溯"页面，输入产品编号或扫描产品追溯码后，单击"点击查询"按钮，系统跳转到"畜产品仓储详细信息追溯"页面（图5-31）。可以查看畜产品种类、年龄、目前净重、所在冷库位置、畜禽来源、屠宰后的检疫报告、屠宰时间、入库时间、出库时间，以及仓储信息是否符合储藏标准和条件，同时，可以通过多个角度实时监控和回放储藏状态。

图 5-31　畜产品仓储详细信息追溯界面

5.3.5　运输追溯

运输信息追溯模块主要实现畜产品相关的运输信息追溯。单击导航页的"运输追溯"图标或菜单栏，进入畜产品运输信息追溯页面（图5-32），用户通过PC管理后台、小程序或RFID手持终端扫描畜产品追溯码，单击"点击查询"按钮，即可实现运输信息追溯。平台将运输订单信息通过API接口推送给第三方物流公司，同步获取物流车位置、物流车状态（温度、湿度）、驾驶员等信息。

图 5-32　运输信息追溯界面

"运输信息追溯"页面，输入产品编号或扫描产品追溯码后，单击"点击查询"按钮，系统跳转到"畜产品运输详细信息追溯"页面（图5-33）。可以查看畜产品运输车辆定位、运输完成状态、运输目的地、装车时间、抵达目的地时间、运输车责任人（图5-33），并且通过运输车上的监控录像可以实时查看和回放观察运输全过程（图5-34）。

图 5-33　畜产品运输详细信息追溯界面

图 5-34　运输车辆监控信息界面

5.3.6　销售追溯

销售追溯模块主要实现畜产品相关的销售信息追溯。单击导航页的"销售追溯"图标或菜单栏，进入畜产品销售信息追溯页面（图 5-35），用户通过 PC 管理后台、小程序或 RFID 手持终端扫描畜产品追溯码，单击"点击查询"按钮，即可实现销售信息追溯。

图 5-35　销售信息追溯界面

"销售信息追溯"页面，输入产品编号或扫描产品追溯码后，单击"点击查询"按钮，系统跳转到"畜产品销售详细信息追溯"页面（图5-36），可以查看零售商资质、价格、重量、畜产品来源和畜产品来源畜禽编号等信息。零售商通过智能电子秤打印条形码的方式记录肉类的零售去向，用户通过产品追溯码能够查询到畜产品从养殖、屠宰加工、仓储运输全过程信息，提高整个供应链的透明度和效率。

图 5-36　销售详细信息追溯界面

6 畜产品大数据决策分析系统

大数据决策分析是畜禽产品优化管理与决策的智慧引擎。畜产品大数据决策分析系统包含畜禽养殖大数据智慧管理、畜禽屠宰加工大数据智慧管理、畜产品流通大数据智慧管理和重大动物疫病防控 4 个子系统。

6.1 畜禽养殖大数据智慧管理子系统

随着大数据时代的到来，畜禽养殖各环节持续不断地积累着海量、多源、异构的多模态大数据，不但具备大数据显著的"4V"特征：大量（Volume）、高速（Velocity）、多样（Variety）和真实性（Veracity），而且具备典型的多模态特征（文本、图像、音频、视频、矢量地图等），其中蕴含着丰富的畜禽养殖知识和规律，对畜禽养殖大数据进行高效存取、管理和维护至关重要，是开展畜禽健康高效养殖的重要基础，也是提升畜产品生产质量和数量的重要支撑。

畜禽养殖大数据智慧管理系统能够实现畜禽整个生长周期养殖信息的数字化采集和流程化管理，提升管理标准化水平，优化畜禽的养殖管理；同时为政府决策提供数据支持，推动行业的可持续发展，保障食品安全和环境保护。畜禽养殖大数据智慧管理子系统采用密码登录的形式进行角色控制（图 6-1），保障不同

图 6-1 系统登录页界面

权限用户的数据管理的安全、准确、高效，系统包含养殖户管理、养殖信息管理、统计查询和系统管理 4 个功能模块（图6-2）。

图 6-2　系统导航页界面

6.1.1　养殖户管理

养殖户管理模块负责将养殖户的相关数据进行集中管理。单击系统导航页的"养殖户管理"图标或菜单栏，进入养殖户信息综合管理页面（图6-3）。各级管理员在操作权限范围内可管理养殖户信息，包括养殖场名称、类型、所属行政区划、养殖类别、使用方向、存栏数及联系人等相关信息，可以对信息进行增加、

图 6-3　养殖户信息综合管理界面

删除和多条件综合查询。页面左上侧包含多条件综合查询，输入关键词后点击查询按钮，即可查询出符合关键词要求的养殖户简要信息。页面右下角为本页面的功能区，包含数据的导出、打印、添加、删除等操作功能。其中，若所查询的养殖户信息需要删除，可点击右下角的"删除"按钮即可。

6.1.2　养殖信息管理

养殖信息管理功能模块主要可以实现以下功能：个体识别与登记、天气预报、畜禽养殖场环境监测、报警列表，畜禽养殖场实时画面轮播及回放。单击系统导航页的"养殖信息管理"图标或菜单栏，进入养殖信息综合管理页面（图6-4），结合物联网技术可实现实时掌握畜禽的生长状况、健康情况等信息，利用目标检测与目标识别技术对视频流中的畜禽进行身份识别，具体功能描述如下。

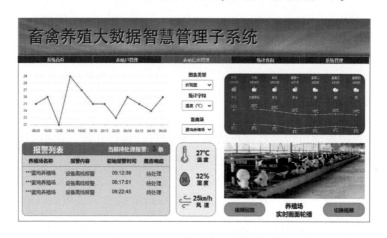

图6-4　养殖信息综合管理界面

1）个体识别与登记是养殖信息管理模块中至关重要的一环。通过为每只畜禽进行唯一标识，并记录其基本信息，可以实现对畜禽个体的精准管理和追溯。将畜禽的个体信息和养殖场信息关联起来，可建立起完整的数据档案。随着畜禽生长和发展，不断进行数据更新和维护，便于日后进行综合查询和管理，同时保证信息的及时性和准确性。

2）畜禽养殖大数据智慧管理子系统有天气预报功能，便于技术人员在恶劣天气来临前做好预防措施。结合物联网技术、传感器技术实时监测饲养环境的参数信息，记录畜禽的饲养环境情况，包括温度、湿度、通风情况等，以评估环境对畜禽生长的影响，为畜禽提供适宜的生长环境。

3）畜禽养殖大数据智慧管理子系统具有报警功能，当设备离线时发出警报，防止当温度、湿度等环境因素超出设定的阈值时设备无法工作，导致畜禽养殖场产生经济损失。

4）畜禽养殖场实时画面轮播及回放功能，系统利用目标检测与目标识别技术对视频流中的畜禽进行身份识别，记录每一只畜禽的生长情况和健康状况，养殖信息管理功能模块可以帮助养殖者全面、准确地掌握畜禽的养殖情况，及时发现问题并采取有效措施，从而提高管理效率，降低养殖风险，实现养殖过程的智能化和精细化管理；同时也为养殖大数据的分析和应用提供了基础数据支持。

6.1.3　统计信息查询

统计信息查询功能模块可以对畜禽养殖中涉及的各项数据进行全面系统的统计分析，为管理者提供数据支持，帮助其制定合理的决策和发展战略。通过对养殖生产数据、销售数据、成本数据等进行统计查询，区域负责人可以深入了解养殖业务的运行情况，及时发现问题和潜在机会，为畜禽养殖场的发展提供指导。

单击系统导航页的"统计查询"图标或菜单栏，进入统计信息查询管理页面（图6-5）。单击统计查询可进入畜禽养殖大数据智慧管理子系统多条件统计查询界面。页面左上角包含一个多条件综合统计查询，输入关键词后点击查询按钮，即可展现全国畜禽养殖场的信息，可按地区、类别、养殖场名称、法人代表、许可证号、生产范围、经营范围等关键字模糊查询。统计查询功能模块主要分为3个方面：畜禽场数量统计、品种数量统计、人员统计。

图6-5　统计信息查询管理界面

1）畜禽场数量统计（图6-6）：此功能用于显示全国畜禽场的统计表，可按年份、省份、场类别进行分类统计，页面左侧柱形图展示部分省份的畜禽场数量统计，统计结果可导出为 Excel 文件。

图 6-6　畜禽场数量统计界面

2）品种数量统计（图 6-7）：可按地区、畜种、品种、代次在畜禽场情况表中查询畜禽存栏量、年生产量、销售量等信息。以生猪为例，页面左侧柱形图展示最近三年畜禽存栏量、年生产量以及居民家庭人均猪肉消费量的数据统计，统计结果可导出为 Excel 文件。

图 6-7　品种数量统计界面

3）人员统计（图 6-8）：可按省份、畜禽场类别统计出某年份各职称人员总数，统计结果可导出为 Excel 文件。

图6-8　人员统计界面

6.1.4　系统信息管理

系统信息管理功能模块能够进行权限设置，确保只有授权人员可以访问和修改信息。单击系统导航页的"系统管理"图标或菜单栏，进入养殖区管理页面（图6-9），可以查看行政区划内的养殖户及养殖场的信息。行政区划共分为三级，一级为省级，二级为地市级，三级为县区级，各级管理员只负责维护本级行政区划内事宜。

图6-9　养殖区管理界面

模块页面左侧导航栏中点击权限设置，即可跳转到畜禽养殖大数据智慧管理子系统权限设置页面。该页面包含管理员账号、操作权限、权限生效时效、用户角色、所属省份的信息记录，可进行数据的添加、修改和删除操作（图 6-10）。其中，进行权限修改时，会生成权限修改日志记录，记录其变动记录以及权限修改时间等内容（图 6-11）。权限管理变动分为两类：一是原有账号用户提交权限修改申请，经由上一级管理员审核通过后，省级管理员进行复核（图 6-12）；二是新注册账号用户提出新增角色，同样由上一级管理员审核通过后，省级管理员进行复核，原则上不限制各级的调整顺序，根据当地实际生产情况做出合理调整（图 6-13）。

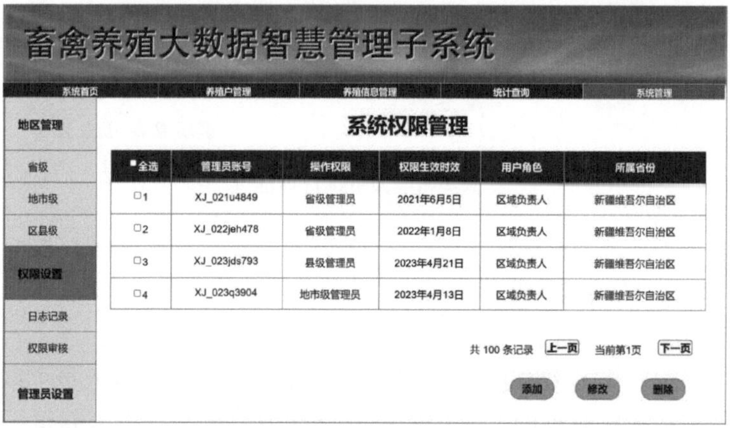

图 6-10　权限设置界面

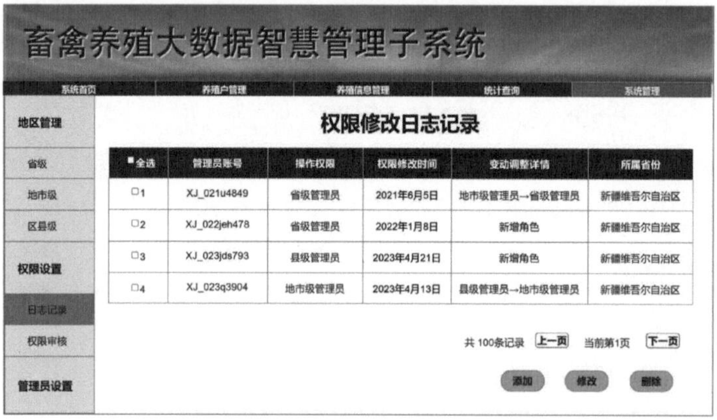

图 6-11　权限修改日志记录界面

模块页面左侧导航栏中点击管理员设置，可在此页面更换账号或申请权限变更，若账号为创建角色，则点击新增角色按钮，在弹框中输入正确信息后，点击确认申请按钮，完成新增角色的申请（图 6-14）。页面右侧为系统通知，包括权限修改以及其他相关的平台通知。

图 6-12　权限审核界面

图 6-13　管理员设置界面

图 6-14　新增角色界面

6.2 畜禽屠宰加工大数据智慧管理子系统

畜禽屠宰加工过程是畜产品质量安全的关键一环，屠宰加工大数据涉及的数据类型繁多，主要包括运输过程中动物状态、屠宰过程中检疫记录、加工过程中质量检测、仓储过程中环境和包装等事关畜产品质量的重要信息，环节较多，各环节信息关联性较强，信息管理复杂度较高。对畜禽屠宰加工大数据进行高效的采集、传输、汇聚和维护，是开展畜产品全产业链追溯的重要基础，也是降低畜产品加工风险、提升畜产品附加值的重要支撑。畜禽屠宰加工大数据智慧管理子系统采用密码登录的形式进行角色控制（图 6-15），保障不同权限用户的数据管理的安全、准确、高效。系统主要包括企业信息管理、统计查询管理、人事信息管理、设施设备管理和系统管理 5 个功能模块（图 6-16）。

图 6-15 系统登录页界面

图 6-16 系统导航页界面

6.2.1　企业信息管理

企业基本信息的管理确保了企业的合规性、内部管理的有效性以及与外部环境的良好交互。通过准确记录和更新公司名称、注册地址、法定代表人等核心数据，企业能够遵守法律法规，建立良好的企业形象，吸引客户和投资者，从而推动企业的稳健发展。企业信息管理模块负责管理屠宰加工企业的基本信息，包括企业名称、统一社会信用代码、屠宰厂面积、联系人及联系电话、备案号、备注等。单击系统导航页的"企业信息管理"图标或菜单栏，进入企业信息管理页面（图6-17）。

图 6-17　企业信息管理界面

6.2.2　统计查询管理

屠宰厂进行统计查询的目的在于跟踪和记录屠宰过程中的关键数据，包括屠宰数量、屠宰时间、屠宰者、检验结果、入库数量、出库数量等，以便于监控生产情况、分析生产效率、确保产品质量和食品安全、满足监管要求，并为制定生产计划、资源配置和决策提供依据。

（1）畜禽购入信息统计

畜禽购入信息统计用于购入的畜禽数量以及时间的统计。页面左侧查询条件设定区域进行综合查询条件设定，查询结果以表格形式分多页显示在右侧表格区域。页面右侧默认展示购入所有信息记录，单击"导出"或"打印"按钮可进行查询结果的导出或打印，同时表格上方的柱状图能够更加直观地查看购入数量及时间，从而帮助企业进行统计分析（图6-18）。

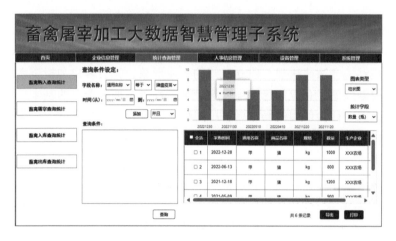

图 6-18　畜禽购入信息统计界面

（2）畜禽屠宰信息统计

畜禽屠宰信息统计用于屠宰的畜禽数量以及时间的统计。页面左侧查询条件设定区域进行综合查询条件设定，查询结果以表格形式分多页显示在右侧表格区域。页面右侧默认展示购入所有信息记录，单击"导出"或"打印"按钮可进行查询结果的导出或打印，同时表格上方的柱状图能够更加直观地查看屠宰数量及时间，从而帮助企业进行统计分析（图6-19）。

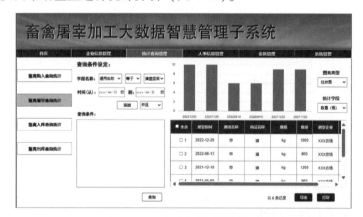

图 6-19　畜禽屠宰信息统计界面

（3）畜禽入库信息统计

畜禽入库信息统计用于记录屠宰品入库信息。页面左侧查询条件设定区域进行综合查询条件设定，查询结果以表格形式分多页显示在右侧表格区域。页面右侧默认展示入库所有信息记录，单击"导出"或"打印"按钮可进行查询结果的导出或打印；同时表格上方的柱状图能够更加直观地查看入库数量及时间，从而帮助企业进行统计分析（图6-20）。

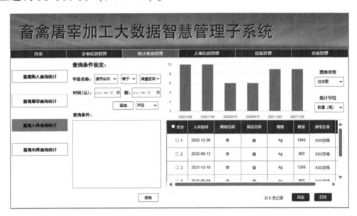

图6-20　畜禽入库信息统计界面

（4）畜禽出库信息统计

畜禽出库信息统计用于记录屠宰品出库信息。页面左侧查询条件设定区域进行综合查询条件设定，查询结果以表格形式分多页显示在右侧表格区域。页面右侧默认展示出库所有信息记录，单击"导出"或"打印"按钮可进行查询结果的导出或打印，同时表格上方的柱状图能够更加直观地查看出库数量及时间，从而帮助企业进行统计分析（图6-21）。

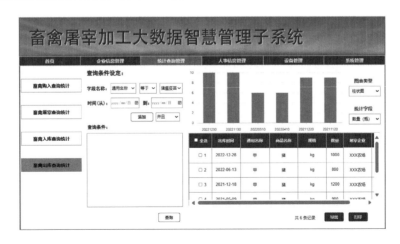

图6-21　畜禽出库查询统计界面

6.2.3 人事信息管理

有效的人事信息管理对企业至关重要，能够提升组织效率，使员工能够更好地安排工作、协作和沟通。人事信息管理模块主要用于屠宰过程中所涉及的人员姓名、身份证号码、所属车间等各种基本信息的管理，包括查询、添加、修改、删除、导出及打印（图6-22）。左侧导航栏可以输入人员姓名或者身份证号进行人员信息的查询。点击右侧表格中的详情一列，可以进入人事详细信息管理页面（图6-23），页面中可以对人员的详细信息进行修改并提交保存。

图 6-22　人事信息管理界面

图 6-23　人事信息详细信息管理界面

6.2.4　设施设备管理

对屠宰场设备进行管理主要在于确保生产过程安全、提高效率和产品质量、保障食品安全、提升企业形象、并符合法律法规要求，从而实现可持续发展和长期竞争优势。有效的设备管理不仅可以预防意外事故和生产中断，还可以提升生产效率，保障产品质量，增强企业信誉，为企业带来更多发展机遇。

（1）设施管理

此功能模块主要用于屠宰过程中所涉及到的设施信息的管理，包括查询、添加、修改、删除、导出及打印。页面左侧导航栏可以输入设施名称进行设施信息的查询；右侧导航栏主要显示所有设施的信息，如设施名称、设施面积以及设施规格（图6-24）。

图 6-24　设施信息管理界面

（2）设备管理

此功能模块主要用于屠宰过程中所涉及的设备信息的管理，包括查询、添加、修改、删除、导出及打印。页面左侧导航栏可以输入设施名称进行设备信息的查询；右侧导航栏主要显示所有设备的信息，如设备名称、设备购入时间、设备数量以及设备规格（图6-25）。

图 6-25　设备信息管理界面

6.2.5　系统管理

为了提高生产效率、保障产品质量、确保食品安全、降低成本、提升企业竞争力，屠宰企业不得不进行系统管理。系统管理能够规范生产流程、优化资源配置、提高设备利用率，从而提高生产效率和产能利用率。此外，系统管理还能够建立完善的质量管理体系和食品安全管理体系，确保产品符合相关标准和法规要求，增强消费者信心。通过系统管理，企业还能够及时发现问题、追踪产品流向、优化供应链管理、降低生产成本、提高经济效益。

（1）地区管理

各级管理员负责维护本级行政区划表，省级管理员可以维护本省的行政区划，地市级可维护地市级的行政区划。行政区划共分为三级，一级为省级，二级为地市级，三级为县区级。

此功能模块主要用于系统管理中的地区管理（各级管理员只负责维护本级行政区划表），包括查询、添加、修改、删除、导出及打印。页面左侧导航栏可以输入行政区划名称或地区等级进行地区信息的查询；右侧导航栏主要显示所有地区的信息，如行政区划名称、行政区划编码以及地区等级（图 6-26）。

（2）权限设置

此功能模块主要用于系统管理中的权限设置管理（各级管理员只负责维护本级行政区划表），包括查询、添加、修改、删除、导出及打印功能。页面左侧导航栏可以输入用户名或权限等级进行权限信息的查询；右侧导航栏主要显示所有用户的权限信息，如用户名、权限等级以及可维护行政区划（图 6-27）。

图 6-26　地区管理界面

图 6-27　权限信息管理界面

(3) 管理员设置

此功能模块主要用于系统管理中的管理员设置管理，包括查询、添加、修改、删除、导出及打印功能。页面左侧导航栏可以输入用户名或权限等级进行权限信息的查询；右侧导航栏主要显示所有管理员的权限信息，如用户名以及管理员级别（图6-28）。

图 6-28　管理员信息管理界面

6.3　畜产品流通大数据智慧管理子系统

　　畜产品流通过程中面临着诸多风险和问题，不仅影响畜产品质量安全，还可能对消费者健康和市场秩序造成负面影响。主要包括运输过程中微生物污染、新鲜度下降或腐败变质、市场失衡导致的价格波动和供应链复杂导致的追溯困难，以及假冒伪劣产品和违禁药物、非法添加等，管理不当势必引发畜产品安全事件，进而削弱消费者信任，甚至可能引发公共卫生事件，对社会造成广泛影响。因此，畜产品流通大数据的有效采集和高效管理维护，对畜产品行业健康发展至关重要，也是为消费者提供高质量肉蛋奶等畜产品的重要支撑。

　　畜产品流通大数据智慧管理系统是基于大数据和智能技术的平台，能够实现对畜产品流通过程的全面监测、分析和管理。通过实时监测畜产品的流量和价格变动、追溯产品的生产与流通信息、优化供应链管理、预测市场需求和趋势、建立安全监控与预警机制等手段，能够提高畜产品流通环节的管理效率、优化供应链运作、增强市场竞争力，并为消费者提供更安全、更高品质的畜产品。畜产品流通大数据智慧管理子系统采用密码登录的形式进行角色控制（图 6-29），保障不同权限用户的数据管理的安全、准确、高效，系统包含监测管理、追溯与溯源、供应管理和产品流向监测 4 个功能模块（图 6-30）。

图 6-29　系统登录页界面

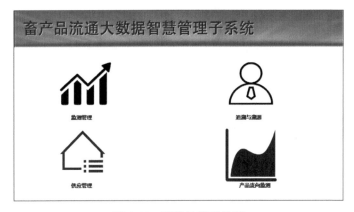

图 6-30　系统导航页界面

6.3.1　监测管理

　　监测管理模块是畜产品流通大数据智慧管理系统必不可少的重要部分，是保证销售量、转运量、价格等数据稳定平衡的关键所在。监测管理包括对所有畜产品的销售量、转运量和价格等数据进行监测。单击系统导航页的"监测管理"图标或菜单栏，进入畜产品销售量监测页面、转运量监测页面和价格监测页面（图 6-31 ~ 图 6-33）。页面左侧为"监测管理"目录栏，展示对畜产品的各种数据监测，单击任意模块，可跳转至该模块监测数据详情页面。页面中部为对各种畜产品销售量（转运量/价格）的监测图，点击可查看畜产品的销售量。页面右侧为销售量（转运量/价格）监测总览，可以查看畜产品的销售量走势曲线图。

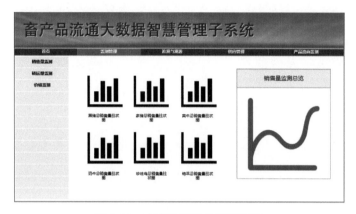

图 6-31　畜产品销售量监测界面

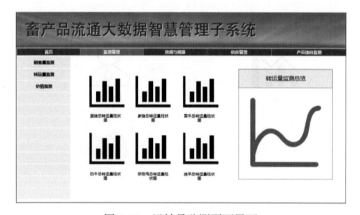

图 6-32　运转量监测页面界面

图 6-33　价格监测页面界面

6.3.2 追溯与溯源

追溯信息管理在畜产品流通大数据智慧管理系统中扮演着关键的角色，方便用户追溯畜产品信息。单击系统导航页的"追溯与溯源"图标或菜单栏，进入畜产品追溯与溯源信息管理页面（图6-34）。页面左侧导航栏可以查询畜产品信息的范围，通过字段名称进行查询，其中字段名称包括序列号、生产日期、生产厂家、销售记录、监测情况、交易金额、畜产品等，可以缩小查询的范围，精准查询到需要的畜产品溯源信息。页面下方是畜产品溯源信息表，用于录入、查看和管理畜产品溯源信息，通过表可以清晰地看到序列号、生产日期、生产厂家、销售记录、监测情况、交易金额、畜产品等信息。页面底部是对客户信息进行管理，有翻页、畜产品溯源信息的导出、打印、添加、编辑、删除等操作。

图 6-34 追溯与溯源信息管理界面

6.3.3 供应管理

供应管理模块负责对畜产品的库存情况进行全面管理和优化，帮助企业合理安排库存、降低库存成本，并确保及时供应。单击系统导航页的"供应管理"图标或菜单栏，进入畜产品供应信息综合管理页面（图6-35）。页面左侧导航栏可以查询库存，通过字段名称进行查询，字段名称包括商品名称、批次号、库存数量、状态等，可以缩小库存查询的范围，精准查询到仓库货物的剩余信息。页面下方是库存表，用于录入、查看和管理库存信息，通过表可以清晰看到商品名称、批次号、库存数量、状态等信息。当货物少于 20 件时，状态栏会出现提醒补货消息。页面底部是对库存信息进行管理，有翻页、库存信息的导出、打印、添加、编辑、删除等操作。

图 6-35   畜产品供应信息综合管理界面

6.3.4   产品流向监测

产品流向监测模块主要实现畜产品流通大数据监测。单击系统导航页的"产品流向监测"图标或菜单栏，进入畜产品流向区域分析页面（图 6-36）。单击左侧"区域分析"按钮进入区域分析页面，页面右侧实时展示各个销售区域的销售量、销售额及销售占比，包括山东、山西、河北、河南、安徽、浙江及其地区等。单击"导出""打印"或"删除"按钮可进行表单的导出、打印或删除。

图 6-36   畜产品流向区域分析界面

　　"畜产品流向区域分析"页面单击页面左侧"产品分析"按钮，进入畜产品类别流向分析页面（图6-37）。页面右侧实时展示各个产品类别的销售量、销售额及销售占比，包括黑猪、驼奶、珍珠鸡、山羊、黄牛及其他类型等。单击"导出""打印"或"删除"按钮可进行表单的导出、打印或删除。

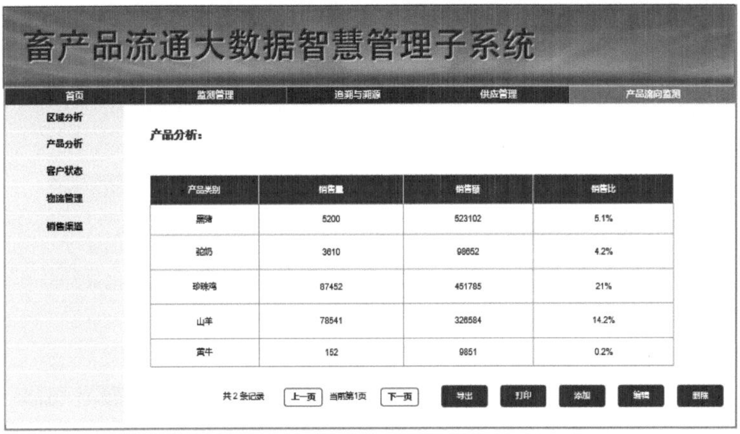

图6-37　产品类别流向分析界面

　　"畜产品流向区域分析"页面单击左侧"客户状态"按钮，进入到客户状态页面（图6-38）；右侧展示包括客户订单编号、订单日期、地址、客户状态等销售信息。单击"添加"按钮，页面自动跳转到信息添加界面，可实现信息的添加。

图6-38　客户状态信息页面界面

　　"畜产品流向区域分析"页面单击左侧"物流管理"按钮,进入畜产品物流信息管理页面(图6-39)。页面右侧展示包含订单编号、发货日期、发货人员、货物状态、货物公司、运输车辆牌号、收货人、收货地址等信息;单击下方"添加"按钮,页面自动跳转到发货信息添加页面,可实现发货信息的添加。

图 6-39　物流信息管理界面

　　"畜产品流向区域分析"页面单击左侧"渠道分析"按钮,进入畜产品销售渠道分析页面(图6-40)。页面右侧实时展示各个销售渠道的占比、额度统计以及数量统计,包括直销、批发及电商平台等。

图 6-40　销售渠道分析界面

6.4 重大动物疫病防控子系统

重大动物疫病防控是畜牧业健康发展的重要保障环节，关乎畜牧业生产稳定、动物福利及公共卫生安全。面对诸如口蹄疫、禽流感、非洲猪瘟等重大动物疫病的威胁，如何科学、有效地进行防控，直接关系到养殖业的经济效益、生态安全及消费者食品安全。重大动物疫病防控大数据管理是一个复杂而系统的过程，涉及多个方面的内容，主要包括疫病监测与上报、免疫信息管理、防疫物资和设备管理等。重大动物疫病防控信息系统有助于及时、准确、全面掌握动物疫病防控的效率和效果，对保障畜牧业的健康发展和公共安全至关重要。

当前，多数养殖场在重大动物疫病防控方面仍主要依赖于人工监测、报告与处置，存在响应滞后、信息传递不畅、决策依据不足等局限性。尤其是在大规模、高密度养殖环境下，人工防控体系往往难以实现疫情的快速识别、精准溯源与高效处置，增加了疫病扩散的风险。为此，构建智能化的重大动物疫病防控信息系统势在必行。重大动物疫病防控子系统采用密码登录的形式进行角色控制（图6-41），保障不同权限用户的数据管理的安全、准确、高效。系统包括防疫监测预警管理、疫苗研发生产管理、防疫物资库存管理和宣传教育培训管理4个功能模块（图6-42）。

图6-41 系统登录页面界面

图 6-42　系统导航页界面

6.4.1　防疫监测预警管理

防疫监测预警管理模块的主要作用在于及时发现、准确评估和有效应对动物疫情,以防止疫情的蔓延和扩大,保障畜牧业生产安全和公共卫生安全。通过收集、分析和处理动物疫情相关数据和信息,实现对疫情的实时监测和预警,提供科学依据和决策支持,为政府部门和畜牧生产者制定防控措施和应急预案提供重要支持。单击系统导航页的"防疫监测预警管理"图标或菜单栏,进入防疫监测预警管理页面(图 6-43),管理疫情地点、感染动物、病例数量、病原体类型、监测结果、预警指示等信息。

图 6-43　防疫监测预警管理界面

6.4.2 疫苗研发生产管理

疫苗研发生产管理模块的主要作用在于确保动物疫苗的质量、安全和有效性，为动物疫情防控提供必要的疫苗支持。在生产过程中，严格控制生产工艺、原材料质量和生产环境，确保疫苗生产符合相关标准和规范。质量监管部门负责对疫苗进行质量检验和监测，确保产品质量稳定可靠。供应链管理部门负责疫苗的储存、运输和分发，确保疫苗及时、安全地到达需要的地区和单位。单击系统导航页的"疫苗研发生产管理"图标或菜单栏，进入疫苗研发生产管理页面（图6-44），管理动物疫苗的研发和生产过程的所有材料文件。

图6-44 疫苗研发生产管理界面

6.4.3 防疫物资库存管理

防疫物资库存管理模块负责确保防疫物资的充足供应，以应对突发动物疫情，保障动物健康和畜牧业的稳定发展。单击系统导航页的"防疫物资库存管理"图标或菜单栏，进入防疫物资库存管理页面，入库管理主要实现入库各项信息的添加（图6-45），出库管理也是对剩余库存的修改（图6-46），因此可以确保各类防疫物资（如疫苗、消毒剂、防护服等）在需要时能够及时供应，满足动物疫情防控的需要。同时，通过定期检查库存、更新物资、完善管理制度等措施，确保库存物资的质量和有效期，防止因物资过期、损坏等原因导致的供应中断或质量问题。

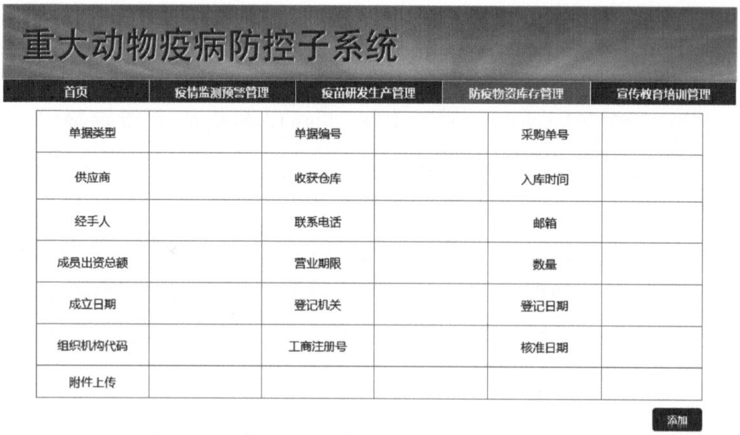

重大动物疫病防控子系统

首页　　疫情监测预警管理　　疫苗研发生产管理　　防疫物资库存管理　　宣传教育培训管理

单据类型		单据编号		采购单号	
供应商		收获仓库		入库时间	
经手人		联系电话		邮箱	
成员出资总额		营业期限		数量	
成立日期		登记机关		登记日期	
组织机构代码		工商注册号		核准日期	
附件上传					

添加

图 6-45　防疫物资库存管理（入库）界面

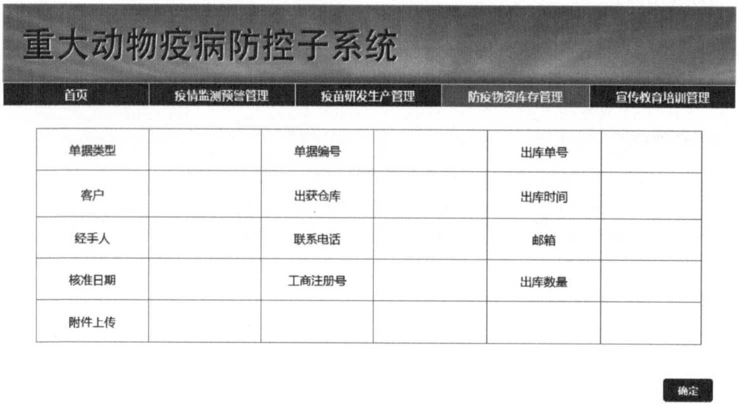

重大动物疫病防控子系统

首页　　疫情监测预警管理　　疫苗研发生产管理　　防疫物资库存管理　　宣传教育培训管理

单据类型		单据编号		出库单号	
客户		出获仓库		出库时间	
经手人		联系电话		邮箱	
核准日期		工商注册号		出库数量	
附件上传					

确定

图 6-46　防疫物资库存管理（出库）界面

6.4.4　宣传教育培训管理

　　宣传教育培训管理模块的主要作用在于增强全社会对动物疫情防控的重视程度，提高畜禽养殖户、兽医、执法人员等相关从业人员的专业素养和技能水平，增强应对突发疫情的能力和自救自护意识。单击系统导航页的"宣传教育培训管理"图标或菜单栏，进入宣传教育培训管理页面（图 6-47），管理动物疫情的基本知识、动物疫情科学防疫知识、动物疫情应急处置指南、动物疫情防疫培训课程等内容，并向社会公众传达动物疫情防控知识、政策法规和防控技术，引导广大群众积极参与疫情防控工作。同时，针对相关从业人员，组织专业培训和技术交流，提高其动物疫情监测、预警、处置等方面的能力。

图 6-47　宣传教育培训管理界面

参 考 文 献

邓钰桢，郎玉苗，杨春柳，等.2018.畜产品质量安全可追溯体系发展研究进展［J］.肉类研究，32（11）：66-70.

李保明，王阳，郑炜超，等.2021.畜禽养殖智能装备与信息化技术研究进展［J］.华南农业大学学报，42（6）：18-26.

李瑾，马明远，秦向阳，等.2008.畜产品质量安全控制及追溯技术研究进展［J］.农业工程学报，24（S2）：337-342.

王立方，陆昌华，谢菊芳，等.2005.家畜和畜产品可追溯系统研究进展［J］.农业工程学报，（7）：168-174.

杨磊，刘承，张智勇，等.2009.基于 RFID 可追溯系统的畜产品供应链安全控制研究［J］.中国畜牧杂志，45（18）：22-25.

游锡火.2013.畜产品质量安全追溯体系现状的国际比较［J］.世界农业，（5）：5-7，153.

赵春江，李瑾，冯献.2021.面向 2035 年智慧农业发展战略研究［J］.中国工程科学，23（4）：1-9.

Blancou F. 2001. A history of the traceability of animals and animal product［J］. Revue Scientifique et Technique, 20（2）：413-425.

Folinas D, Manikas I，Manos B. 2006. Traceability data management for food chains［J］. British Food Journal, 108（8）：622-633.

George R V，Harsh H O，Ray P, et al. 2019. Food quality traceability prototype for restaurants using blockchain and food quality data index［J］. Journal of Cleaner Production, 240：118021.

Gestalt Solo. 2015. Computerized feeding system for farrowing sows［EB/OL］. http：//jygatech.com/products/gestal-solo-2［2024-11-18］.

Massimo B, Maurizio B, Roberto M, et al. 2004. FMECA approach to product traceability in the food industry［J］. Food Control, 17（9）：1-9.

Mousavi A, Sarhadi M, Lenk A, et al. 2002. Tracing and traceability in the meat processing industry：A solution［J］. British Food Journal, 104（1）：7-19.

Opara L U. 2003. Traceability in agriculture and food supply chain：A review of basic concepts, technological implications, and future prospects［J］. Food, Agriculture & Environment, 1（1）：101-106.

Pouliot S, Sumner D A. 2008. Traceability, liability, and incentives for food safety and quality［J］. American Journal of Agricultural Economics, 90（1）：15-27.

RASFF（The Rapid Alert System for Food and Feed）. 2009. The Rapid Alert System for Food and

Feed more efficient than ever on its 30th birthday ［EB/OL］. http：//ec. europa. eu/food/food/ rapidalert/report2008＿ en. pdf MEMO/09/339 ［2011-02-11］.

Regattieri A, Gamberi M, Manzini R. 2007. Traceability of food products：General framework and experimental evidence ［J］. Journal of Food Engineering, 81 (2)：347-356.

Schwagele F. 2005. Traceability from European perspective ［J］. Meat Science, 71 (1)：164-173.

Shanahana C, Kernanb B, Ayalewa G, et al. 2009. A framework for beef traceability from farm to slaughter using global standards：An Irish perspective ［J］. Computers and Electronics in Agriculture, 66 (1)：62-69.

Smith G C, Tatum J D, Belk K E, et al. 2005. Traceability from a US perspective ［J］. Meat Science, (71)：174-193.

Stanford K, Stitt J, Kellar J A, et al. 2001. Traceability in cattle and small ruminants in Canada ［J］. Scientific and Technical Review, 20 (2)：510-522.